制度设计的科学
——制度工程学

孙绍荣 等 著

科　学　出　版　社

北　京

内 容 简 介

本书内容涉及管理学、制度经济学、制度设计等方面的进展。提出了发生行为的三个必要条件：效用、资源、机会。本书还提出了测量效用的实用方法，即交换效用法；提出了在制度设计中起重要作用的心理成本的概念及测量方法；提出了制度设计的符号系统"孙氏图"，发现了生产制度的孙氏图结构不同则其自发均衡点的偏离倾向不同，而通过企业之间的兼并重组来减少企业数量，可以使均衡点偏离有所改善，以及补贴制度可以纠正正外部性对生产的不良影响，税收制度可以纠正负外部性对生产的不良影响；还发现了广为流传的参与者越多竞争越激烈的结论为谬误，通过数学模型推导证明了当具有两个参与者时竞争最激烈。因此，允许更多的企业进入市场是治理恶性竞争的有效方法，而不是通常所认为的设法减少竞争参与者。本书还提出了两类制度设计，即制度结构设计与制度部件设计，其中制度部件设计对于改善具体的制度效果具有良好的实用性。

本书可供管理学与制度经济学方面的研究人员和师生阅读，也可供管理干部阅读。

图书在版编目（CIP）数据

制度设计的科学：制度工程学 / 孙绍荣等著. —北京：科学出版社，2018.7

ISBN 978-7-03-058018-4

Ⅰ. ①制… Ⅱ. ①孙… Ⅲ. ①企业管理制度 Ⅳ. ①F272.9

中国版本图书馆 CIP 数据核字（2018）第 131743 号

责任编辑：郝　静 / 责任校对：王晓茜
责任印制：吴兆东 / 封面设计：无极书装

科 学 出 版 社 出版
北京东黄城根北街 16 号
邮政编码：100717
http://www.sciencep.com

北京虎彩文化传播有限公司 印刷
科学出版社发行　各地新华书店经销
*
2018 年 7 月第　一　版　　开本：720 × 1000　1/16
2019 年 1 月第二次印刷　　印张：10
字数：210 000

定价：70.00 元
（如有印装质量问题，我社负责调换）

前　言

"制度工程学"这一新的研究领域,其萌芽思路是本书作者孙绍荣于 1995 年在中国系统工程学会主办的刊物《系统工程理论与实践》上发表的一篇短文中提出的。20 多年来,作者一直坚持此方向的研究。在科学出版社的大力支持下,孙绍荣的著作《制度工程学——孙氏图与五种基本制度结构》于 2015 年与读者见面。

最近三年来,孙绍荣又陆续地取得了一些新的进展,如制度设计中起着重要作用的心理成本概念与交换效用的测量方法的提出等。同时,也发现原《制度工程学——孙氏图与五种基本制度结构》中的一些内容不够成熟和完善,一些重要成果的表达也够不突出和清晰。为此,作者决定在原《制度工程学——孙氏图与五种基本制度结构》的基础上,对其进行改写和补充。因此本书是原《制度工程学——孙氏图与五种基本制度结构》的修订版,为了更加明确本书的内容以便于读者识别,作者将其书名改为《制度设计的科学——制度工程学》。

20 多年的历程,对于一门崭新的研究领域来说,其实还是很短暂的。因此,本书的内容仍然不能说非常成熟。但是,本书的方法意义在于使制度设计从文科走向工程科学:其制度设计的构图、计算等特征都是工程学科的,在制度设计中重视科技设备的作用,提倡"人-机结合",其思路也是工程学科的。因此,作为特点,本书力求科学、深入、精练、实用。

本书共 15 章,其中第 1～13 章由孙绍荣独自完成。第 14 章与第 15 章提出的制度设计方法及执笔写作由孙绍荣完成,但其中的案例是由孙绍荣分别改写自研究生徐俪榕和江钰媛的案例初稿。

资助本书出版的科学研究项目有:国家自然科学基金(71771151,71171134),上海市高峰高原学科(管理科学与工程,1201)。

目　　录

第1章　制度设计的科学——制度工程学概述 ···1

1.1　制度设计的意义与问题 ·· 1

1.2　制度工程学的特征 ··· 2

1.3　制度工程学的主要成果 ·· 3

1.4　两类制度设计——制度结构设计与制度部件设计 ·· 5

第2章　行为的三个必要条件与交换效用及心理成本 ···6

2.1　行为的三个必要条件 ··· 6

2.2　行为效用 ·· 6

2.3　行为资源 ·· 7

2.4　行为机会 ·· 7

2.5　行为机会与行为资源的区别 ·· 8

2.6　行为效用的构成要素 ··· 8

2.7　回报的数学期望与例子期望 ··· 10

2.8　交换效用 ··· 11

2.9　测量交换效用的临界值法 ··· 12

2.10　交换效用的重要意义 ·· 13

2.11　心理成本 M 与临界心理成本 M^* ··· 13

2.12　心理成本的测量 ·· 14

第3章　制度部件——观测器 ··17

3.1　制度部件的概念与类型 ·· 17

3.2　观测器 ·· 19

3.3　三类常用的观测器 ·· 20

第4章　制度部件——促进器 ··27

4.1　促进器的基本类型 ·· 27

4.2　回报促进器 ·· 27

4.3　资源促进器 ·· 36

4.4　机会促进器 ·· 37

第5章　制度部件——抑制器 ··38

5.1　抑制器的类型 ·· 38

5.2　回报抑制器 ··38
5.3　成本抑制器 ··40
5.4　机会抑制器 ··40
5.5　资源抑制器 ··42
5.6　抑制器的失灵问题 ···43
第6章　制度设计的工具——孙氏图 ···45
6.1　孙氏图的意义 ··45
6.2　孙氏图中的概念的定义 ···46
6.3　孙氏图中的部件和行为集的符号 ···47
6.4　行为与部件的编号规则 ···55
6.5　孙氏图的绘图规则 ···57
第7章　制度的结构分析——竞争制度及参与者数量对竞争激烈程度的影响 ·······60
7.1　竞争制度结构模型的孙氏图与数学模型 ·····································60
7.2　两个竞争参与者时竞争最激烈——参与者越多竞争越不激烈 ···············69
7.3　同步竞争模型与无谓成本 ···73
第8章　竞争制度的结构改进设计——限制过度竞争 ·····························75
8.1　带有警察的竞争制度的概念及孙氏图 ·······································75
8.2　带有警察的竞争制度的数学模型 ···77
8.3　重要结论——警察的社会意义 ···79
第9章　制度结构模型分析——正外部性的生产制度 ·····························80
9.1　决定生产制度结构的主要因素是产出与成本的外部性 ·····················80
9.2　不同的生产制度结构下企业的生产规模适当与否的比较基准
　　　——群体最优 ···81
9.3　回报与成本双独立制度——无外部性的生产 ·································83
9.4　回报共享制度——有正外部性的生产 ·······································86
第10章　正外部性的生产制度的结构改进设计——补贴的意义 ·····················90
10.1　具有成本补贴的回报共享制度的概念及孙氏图 ·····························90
10.2　具有成本补贴的回报共享制度下企业的生产规模的均衡点 ···················91
10.3　补贴的意义 ··93
第11章　制度的结构分析——负外部性的生产制度 ·····························94
11.1　成本公摊制度的概念及孙氏图 ···94
11.2　成本公摊制度下企业生产规模的均衡点 ···································95
11.3　成本公摊制度的特点——企业生产规模偏大 ·······························96
11.4　成本公摊制度下的降低生产规模均衡点的办法——关停并转小企业
　　　以减少企业数量 ···97

第 12 章　负外部性的生产制度的结构改进设计——税收的意义 ··············99
　　12.1　具有税收的成本公摊制度的概念及孙氏图 ··············99
　　12.2　均衡模型与生产规模的均衡点 ··············100
　　12.3　重要结论——对税收的意义的新认识 ··············102
第 13 章　制度部件设计——用于多任务激励的回报促进器 ··············103
　　13.1　多任务激励的重要意义 ··············103
　　13.2　多任务行为的特点 ··············103
　　13.3　多任务回报促进器的回报函数设计的特点 ··············104
　　13.4　多任务回报促进器中的常用回报函数——绩点法 ··············104
　　13.5　多任务回报促进器中的另一种常用回报函数——门槛绩点法 ··············107
　　13.6　多任务回报促进器的执行者设计 ··············107
第 14 章　制度参数设计——基本步骤与方法 ··············109
　　14.1　制度参数设计的概念与特点 ··············109
　　14.2　制度参数设计的基本步骤 ··············109
　　14.3　每一设计单元的治理设计步骤——分析当前制度参数 ··············112
　　14.4　每一设计单元的治理设计步骤——对当前制度的改进设计 ··············119
　　14.5　多元行为设计单元的治理设计步骤——分析当前制度参数 ··············121
　　14.6　每一设计单元的治理设计步骤——对当前制度的改进设计 ··············130
　　14.7　制度参数设计的重要意义 ··············135
第 15 章　制度参数设计——方案比较与优化 ··············137
　　15.1　制度参数设计中的方案比较与优化的重要意义 ··············137
　　15.2　绘制环节流程图 ··············138
　　15.3　确定环节流程中的问题环节 ··············138
　　15.4　制定问题环节的问题主体分析表和划分设计单元 ··············138
　　15.5　分析 T_6R_2 的当前制度参数并计算制度效果 ··············140
　　15.6　成本限制条件及可选的改进方案的制定 ··············144
　　15.7　对 T_6R_2 的制度改进方案一的效果计算 ··············145
　　15.8　对 T_6R_2 的制度改进方案二的效果计算 ··············147
　　15.9　对两个制定改进方案的比较与选择 ··············150
参考文献 ··············151

第1章 制度设计的科学——制度工程学概述

1.1 制度设计的意义与问题

人类社会的进步，主要分为两个方面：一是科学技术的进步；二是人的行为所表现出来的公平与效率的提高。

人的行为所表现出来的公平与效率，主要表现在人类社会中的文化与制度这两个方面。因此，如果要改变人的行为以提高其公平与效率，就必须从文化培养与制度改进这两个方面入手。

文化（本书的文化主要指传统、习俗、生活方式、行为规范、价值观念等，是一种狭义的文化）是以意识的形态存在的。文化对人类行为的引导，具有全面、彻底、自愿的特点。但文化对人们行为的改变，是缓慢的、模糊的。这是因为文化本身就有变化缓慢、表现模糊等特点。如果依赖文化来对不良行为进行纠正，需要的时间是很久的。这时，制度（本书的制度是指对人们的社会活动（特别是生产活动）的管理制度）的作用就显现出来了。

如果把行为规范（如应当做什么、不应当做什么、在遇到特定情况时应当怎么做等）与对行为的处理规则（即针对被管理者的行为，管理者改变其行为回报、行为资源、行为机会、行为成本等的规则）明确化、条理化，就形成了制度规则，如果再指定具体的执行者执行这些制度规则，就成了管理制度。管理制度对人们的行为的管理是明确的、见效快的。因此，如果文化是对人们行为的"软约束"，那么制度就是对人们行为的"硬约束"。

因为制度在行为管理中存在见效快和容易通过制度设计调整制度的管理目标与管理内容等特点，所以制度设计一直是行为管理的重要实践内容和理论研究内容。

从各国对制度研究及制度设计的实践来看，尽管对制度的研究及各种改进建议十分热烈，但真正收到良好效果的却凤毛麟角。对于同样的制度问题，人们提出的治理方案常常相左，这是因为因人而异的个人经验成为制度设计的"工具"，而个人经验通常是片面的、扭曲的、浅薄的。

个人经验成为人们制度设计的依据，其根本原因是当前在制度设计领域缺少科学的制度设计工具和技术。众所周知，建筑设计有建筑图，电路设计有电路图，机械设计有机械图。在这些图的帮助下，这些工程设计直观、客观、科学、可操作性好，每一步设计上的改进都是踏实而实用的。反之，在制度设计领域，没有通用的用简洁符号表示的制度结构图，难以观察制度的多种因素和复杂结构，导致人们仅凭直觉和经验对制度进行改进，研究不深、顾此失彼。同样，在制度设计领域，也没有像工程设计领域那样具有科学的数学模型计算，因此学者对各种制度设计方案的效果和成本难以准确比较与取舍，产生了许多毫无意义的争议。

1.2　制度工程学的特征

制度工程学，这一在中国出现的新的科学领域，使制度设计与自然科学中的工程设计一样，具有较好的科学性和较强的可操作性。

概括地说，制度工程学具有四个主要特征，使之与以往的"制度设计"相区别。

一是制度结构的专业图形化。在制度工程学中，使用专门的制图规则与符号系统来描述制度结构。这种制图规则与符号系统，简称孙氏图，方便与以往的制度流程结构图相区别。

二是制度部件的参数化。在孙氏图中，与工程设计类似，制度结构是由制度部件相互关联而成的。而制度部件具有可计算的参数，这些参数描述了相应的制度部件的特点与性能。

三是制度效果的计算化。在以往的制度设计中，制度的效果"好"或者"不好"，表现得十分模糊，没有准确的判断依据。同样的制度方案，往往一些人认为"效果好"，另一些人认为"效果不好"。在制度工程学中，制度效果是由制度结构所决定的制度效果计算模型及各制度部件的参数计算出来的，从而使人们能够清楚地看出不同的制度之间的效果差异。

四是重视现代科学技术设备在管理制度中的作用，改变了以往"见人不见物"的"制度观"。制度工程学的这种特点，使制度设计和管理学从传统的文科向工程学科转变，这是一个非常重大的具有时代意义的转变。

实际上，科学技术设备在各方面的管理制度中发挥重要作用的例子不胜枚举。比如，在社会治安管理中，遍及全国的"天网工程"以及"DNA①技术"的采用，

---

① DNA 即脱氧核糖核酸（Deoxyribonucleic acid）。

使治安管理目前已经达到了"命案必破"的前所未有的良好效果。在交通管理中，汽车在市区乱鸣笛行为一直是取证难、处罚难的问题，而上海市用声呐技术，实现了机器对鸣笛汽车自动定位，收到了非常好的效果。计算机视觉技术中的人脸识别系统在管理制度中的大量应用，有效地防止了员工在考勤中作弊，使银行、公安、机场等能够快速地判断人脸与身份证持有人是否为同一人，极大地提高了管理效率和效果。车牌自动识别技术使停车场管理效率大为提高。而教育部的学历证书查询系统的开通，也使曾经困扰全国各单位的假证书问题得到了有效的治理。

1.3　制度工程学的主要成果

制度工程学的成果不仅在于提供了制度设计的科学方法，由于其独特的研究角度，还得出了许多新的研究成果。

第一，提出了行为的三个必要条件。任何行为的发生都必须同时具备三个必要条件：行为效用（正的行为效用）、行为资源、行为机会。这三个条件缺一不可。显然，这与传统的经济学理论只关注行为效用（即所谓的激励）的区别是巨大的。

第二，提出了心理成本的概念及其在制度参数设计中的重要作用。所谓的心理成本（在本书中用 M 表示），是指人们在进行某种不良行为或者风险行为时，因为其与自己的道德观或者行为习惯相矛盾，或者因为其具有被惩罚的风险，所以会产生心理压力或者心理不安。

心理成本的重要意义在于，对于一个同样的不良行为，不同的人的心理成本不同。因此，通过对被管理者的心理成本分布情况调查，可以计算出特定参数的管理制度下仍然会出现不良行为的人数比例，由此可以方便地估计所设计的制度的效果。

第三，发现了测量效用与心理成本的实用方法，即交换效用法。交换效用这个概念的提出，也为比较不同类型的收益（或者成本）的效用提供了实用的测量方法。

第四，发现了奖励制度与惩罚制度的孙氏图结构相同。运用孙氏图分析，奖励制度与惩罚制度具有相同的制度结构，因此它们在本质上是同一种类型的制度。从实际情况来看，这两种制度的功能也相同：都是对被管理者进行行为管理。

第五，发现了生产制度的孙氏图结构不同则其自发均衡点的偏离倾向不同。对于产出共享的生产制度，即在生产行为具有正外部性时，会导致企业的生产规模的自发均衡点偏小，达不到最优生产规模。而补贴制度可以使具有正外部性的生产规模自发地扩大，因此如果要让企业自发地提高生产规模，就需要采取对企业进行成本补贴的政策。具有正外部性的生产如建设水库、道路和桥梁等基础设施的生产活动等。

对于成本共担的生产制度，即在生产行为有负外部性时，会导致企业的生产规模的自发均衡点偏大，从而造成资源枯竭与环境污染。而税收制度可以使负外部性的生产规模自发地缩小，从而减轻对资源的消耗。因此如果要让企业自发地降低生产规模以保护环境与资源，就必须辅以高税收政策。具有负外部性的生产如大量消耗水、矿、鱼、林等的生产活动，或者一些污染大气和水、土地等的生产活动等。这里一个新的认识是，税收的重要作用不在于国民收入再分配，而在于减轻人们对资源的过度消耗，从而揭开了一些高税收国家的自然资源与环境保护做得更好的原因。

而对于成本与产出都不外溢的生产制度，即当生产行为没有任何外部性时，其生产规模的自发均衡点最优，无须宏观调节。

这些发现说明，在设计生产制度时，应当尽可能地减少其各种外部性，从而减少其生产规模的偏离，减少供给不足或供给过剩的情况。其实，我国近年来的钢铁、煤炭等供给过剩，背后的制度原因就在于此。

由此，回报共享制度模型分析得出一个重要结论：在一些公共设施建设等具有较强外部性的生产领域，如果政府不加以干预，单纯依靠市场的自发调节，则常常导致供给偏少。在不想过多地依靠政府干预市场的情况下（因为政府干预市场会减少企业活力，破坏公平竞争，具有很大的副作用），一个可取的办法是大力推动企业之间的兼并重组，即减少企业群体中的企业数量。这是依靠市场自发力量加大供给的有效方法。

第六，发现了补贴可以纠正正外部性对生产的影响，税收可以纠正负外部性对生产的影响。因此，外部性对生产规模的影响，可以用补贴制度和税收制度来纠正。

第七，发现了广为流传的参与者越多竞争越激烈的结论为谬论，实际上是两个参与者时竞争最激烈。对于自由竞争制度，广为流传的结论是参与者越多，竞争越激烈。而本书的孙氏图分析及模拟计算表明，只有两个参与者时，竞争才是最为激烈的。而后，随着参与者的增多，竞争会变得越来越不激烈。

这说明，为了治理恶意打压对手等恶性竞争行为，允许更多的企业进入市场是有效方法，而不是通常所认为的设法减少竞争参与者。这个结论不仅解释了人们在两人竞争时远比多人竞争时更拼命这一现象，还证明了多极世界远比两极世界更太平和稳定。

1.4　两类制度设计——制度结构设计与制度部件设计

制度设计的任务是提供管理效果良好的制度方案，或者对当前管理效果不好的制度方案进行改进。

根据侧重点的不同，制度设计可以分为两种类型，即制度结构设计与制度部件设计（也称为参数设计）。

制度是由制度部件按一定的连接关系形成的结构。一般来说，制度的结构不同，或者相同结构的制度采用的制度部件的性能不同，制度的效果也会不同。因此，制度设计主要有两方面的任务：优化制度结构或者采用更优的制度部件。

在制度设计时，首先需要对原制度进行诊断性分析，寻找制度效果不良的原因，看其到底是由制度结构不合理造成的，还是由制度部件的性能不良造成的。

如果是由制度结构不合理造成的，则重新设计制度结构，这是通过分析制度的孙氏图来实现的。孙氏图的具体符号与规则，将在第6章介绍。

制度部件是制度整体结构中的各种具体功能单元，这些功能单元可以是由这些功能的执行者（机构或者岗位）及运作规则组成的，也可以是由人与某种技术设备组合而成的"人机系统"组成的。

如果是由于制度中的某个部件性能不良而影响了制度效果，就要设法改进这个部件，这就是制度部件设计。

制度部件设计，要么是在现实中寻找性能更优良的制度部件，要么是设计出性能更好的制度部件，这种设计的结果，表现为制度参数的改善，从而促进制度效果的提高。本书在第3~5章将分别对各种常用的制度部件进行介绍。

需要注意的是，制度结构设计与制度部件设计分类方法，其实是一种理论抽象。在实际的制度设计过程中，可能既会对制度的结构进行改进，也会对制度的部件进行改进。

第2章 行为的三个必要条件与交换效用及心理成本

2.1 行为的三个必要条件

行为的三个必要条件，分别是行为效用（指正的行为效用，在行为者为理性人的情况下，只有能够带来正效用的行为才有可能发生）、行为资源、行为机会。这三个条件，缺少任何一个，都会导致行为无法发生。与传统的经济学理论中只关注行为效用不同，发生任何行为都必须同时具备三个条件，这是本书提出的一个重要观点。

可以把行为的三个必要条件用函数关系来表达：$e = f(u \wedge \text{res} \wedge \text{opp})$。其中，$e$ 为行为的努力水平；$f(\cdot)$ 为递增型函数；u 为行为效用；res 为行为资源；opp 为行为机会；$\wedge$ 为逻辑运算符号，表示它左右的因素必须都存在。

2.2 行 为 效 用

1. 行为效用的概念

行为效用指个体通过某种行为得到的结果对自己需要的满足程度。如果行为结果使自己需要的满足程度上升，则该行为结果的效用是正的，如果行为结果使自己需要的满足程度下降，则该行为结果的效用就是负的。

需要注意的是，行为效用不完全与收益对等，因为不同的个体或同一个体在不同情况下的需求是不同的。

毫无疑问，当个体在许多行为中选择其中一个行为时，行为的效用是主要的考虑因素。人们在饥饿时会寻找食物，在寒冷时会增加衣服，这些都是在选择行为时优先考虑行为效用的表现。

2. 行为效用不是影响行为的唯一元素

在管理学或经济学理论中，对行为的影响因素的研究，几乎全部集中在效用方面。比如，马斯洛（Maslow）的需要层次论（hierarchy of needs theory）认为，只有尚未满足的需要能够影响行为，提出每个人都有五个层次的需要：生理的需要、安全的需要、社交或情感的需要、尊重的需要、自我实现的需要。赫兹伯格（Herzberg）的保健-激励理论（motivation-hygiene theory）认为，影响人们行为的因素主要有两类：保健因素和激励因素。其中保健因素是能够消除人们的不满情绪的因素，激励因素是能够给人们带来满意情绪的因素。弗鲁姆（Vroom）的期望理论认为，只有当人们预期到某一行为能带来有吸引力的结果时，他才会选择这个行为。斯金纳（Skinner）的强化理论（reinforcement theory）认为，人的行为是所受刺激的函数。若某行为带来的刺激对他有利，则这种行为就会重复出现；若某行为带来的刺激对他不利，则这种行为就会减弱直至消失。甚至关于行为管理的一些最新进展，如赫维茨（Hurwicz）等提出的激励相容原理等，也是基于行为效用的。

在管理实践中，行为效用也受到了一定的重视，比如，对薪酬的研究和设计，实质上也是通过改变行为效用，来促使员工努力工作（即促进员工选择"努力工作"这个行为）。

由上述内容可以看出，传统的行为管理研究，都只把行为效用当作能够影响行为的变量。但是，全面地看影响人们行为的因素，除了传统的研究最多的行为效用，还有行为资源和行为机会这两个因素。

2.3　行为资源

行为资源指人们在行为过程中需要消耗的事物。没有所需要的行为资源，行为是不能发生的。比如，"做生意"这个行为需要本钱，"考大学"这个行为需要科学知识，"科研"这个行为需要一定的仪器设备，"吸毒"这个行为需要毒品，这些资源如果不具备，这些行为都无法发生。

2.4　行为机会

行为机会是除了行为效用和行为资源的环境因素，还决定了行为发生的可能性。如果行为者在主观上选择了某行为，并且该行为的资源完全具备，则客观上该行为能够发生的概率，即该行为的机会。比如，对于一个一心想抓小偷立功的警察，如果其工作环境人群中都是一些"好人"，根本没有"小偷"，则他"抓小偷"这个行为就没有机会。

2.5　行为机会与行为资源的区别

在制度工程学的制度设计实践中,许多人感到难以区别行为机会与行为资源。此处列举如下三点区别,供制度设计工作者参考。

第一,行为资源是行为者本身具有的,是内在的,通常是可以通过努力获得的(但不是所有资源都如此)。行为机会是外在的、不能通过努力获得的。比如,从事某种行为所需要的知识与金钱等,都是可以通过努力获得的,一旦获得,就是行为主体内在具有的,因此它们都是行为资源。

第二,行为资源是可以使用的,通常是消耗性的。因此,资源能够支撑的行为常常是有限的,会随着为行为的强度与种类增加而减少。比如,因为"时间"可以在某种行为中"消耗",所以"时间"可以看作"行为资源"。行为机会只能利用,不会消耗,因此机会不会随着行为的强度与种类增加而减少。比如,在企业采购过程中,采购金额的发票金额是人工输入的,这是一些人"虚开发票金额"的机会。

第三,行为资源因为能够消耗,所以常常具有"量"的概念,如"多少"等,而行为机会没有量的概念,只有"有机会"和"没有机会"的区别。

2.6　行为效用的构成要素

2.6.1　行为效用的计算公式

本书假设行为者是风险中性的,这样行为效用可以直接用行为带来的收益与损失来表示。在这种情况下,行为效用 u 可以看作三个因素的差:一是行为回报的效用 r (简称为回报),二是行为成本的效用 c (简称为成本),三是心理成本的效用 M (简称为心理成本),即

$$u = r - c - M \tag{2-1}$$

其中,心理成本 M 仅在与个体从事和其道德观价值观相关的行为时才具有。人们在从事不良行为(如偷窃)时,产生的心理压力或者心理负担的负效用就是心理成本。道德感越强的人,从事不良行为时的心理成本越高。在本书的行为管理制度设计部分读者将看到,当行为管理的对象行为是不良行为时,其心理成本 M 起着非常重要的作用。

另外，若人们从事的是与其道德观价值观相一致的行为（如助人为乐的一些行为），则心理成本 M 为负值，说明人们在进行这些行为时会得到心理宽慰，这种负的心理成本实际上是心理回报。

对于生产等与人们的思想观念无关的中性行为来说，心理成本为 0。因此，本书在对生产管理制度进行分析时，忽略其心理成本 M，只考虑其成本 c。这时，效用公式简化为

$$u = r - c \tag{2-2}$$

2.6.2 回报

回报是人们通过行为所得到的"收获"。回报是行为效用的重要因素，在行为成本不变的情况下，行为效用就是回报的增函数，如果再加上行为者为风险中性这个条件，行为效用就是回报的线性增函数。

回报的值有正负，即当通过行为使自己希望得到的收获"增加"时，回报是正的，当行为发生后自己希望得到的收获"减少"时，回报就是负的。

回报可以分为自然回报与管理者给予的回报。前者常见的如经营利润、社会声誉等，后者常见的有工资、奖金与罚金、提升或降低职务等。管理者给予的回报简称为管理回报。

回报主要有如下两种类型。

（1）经济型回报，如奖金、罚金、工资等。这种回报能够满足人们对改善生活条件的需要。

（2）社会型回报，如声誉与地位的提升或者降低等。

2.6.3 回报 r 与成本 c 的区别

成本 c 是在行为过程中需要消耗的行为资源，如金钱、时间、精力等。

因为回报值有时为负，所以常常有读者感到负回报与行为成本难以区分。实际上，二者最根本的区别在于，回报是在行为之后出现的，行为发生后，能够获得什么样的回报，往往是概率性的，即具有一定的不确定性，比如，参加高考，其回报即考试结果事件，在考试时是不确定的。而成本则是在行为之中发生的，只要行为发生，成本必然会发生，因此通常情况下（也有例外，即行为发生时成

本已经发生但行为者不知其数值的情况，比如，建筑工程的成本，往往在后期结算），成本没有不确定性。

2.7　回报的数学期望与例子期望

回报与成本是构成行为效用的要素。因为成本相对确定，而回报在个体选择行为时往往不能确定，所以个体为了能够准确地判断行为效用进而选择对自己效用最大的行为，如何准确地估计回报就是一个重要问题。

个体对回报的估计主要有两种方式：一种是采用数学期望来估计；另一种是采用例子期望来估计。

2.7.1　回报的数学期望

回报的数学期望是把一个行为的各种可能的结果（一个行为往往有各种可能的结果）与分别产生这些结果的概率相乘（前提是这些概率是已知的），然后再相加所得到的数值。当能够得到确切数据时（包括行为的可能结果、各结果的回报价值、各结果的概率），就可以采用数学期望的方法来计算期望回报。比如，对于"购买彩票"这个行为，中奖的概率与数额都是已知的，因此可以很容易地计算出购买彩票的回报的数学期望。

设行为 i 的结果集——对应的回报值集合为 $\overline{r}_i = \{r_{i1}, r_{i2}, \cdots, r_{in}\}$ 为互斥结果集。所谓互斥结果集，指结果集合中必发生一个结果且只发生一个结果。

p_i 为相应的概率集（集合 $\overline{r}_i$ 与 p_i 之间存在双射），$p_i = \{p_{i1}, p_{i2}, \cdots, p_{in}\}$，$\sum_{j=1}^{n} p_{ij} = 1$，则回报的数学期望为

$$r_i = \sum_{j=1}^{n} p_j r_{ij} \qquad (2\text{-}3)$$

2.7.2　回报的例子期望

在管理实践中，最常见的是根本无法准确地预知各结果的概率和各结果的回报值的行为。在这种情况下，无法估计其数学期望回报，只能用以往其他人的相

同行为的回报作为"例子",来对该行为的回报进行估计,这种期望回报,本书称为回报的例子期望。

比如,对于"读研究生"这个行为,人们根本无法准确地预知研究生毕业后的就业情况和收入情况,但可以根据目前已经毕业的研究生的大体情况,对"读研究生"这个行为的回报进行估计,这种估计的结果就是回报的例子期望。

在现实中,人们使用例子期望来估计行为回报的情况非常广泛。人们在经商中选择经营的商品类型、读书时选择专业等,都难以采用数学期望对回报进行准确的估计,但可以估计这些行为的例子期望。

2.8 交 换 效 用

在制度设计中,常常需要比较不同的回报给被管理者带来的效用,因为最终决定被管理者对行为的选择的,是效用的大小。

2.8.1 回报与效用的区别

(1)回报的大小是客观的,而同一回报的效用的大小则是因个体情况而异的。比如,对于 10 万元奖金,无论对谁来说其回报都是 10 万元。对于急需买房结婚正好还差 10 万元的人来说,效用比较大,因为这个回报解决了自己的婚房。但对于一个亿万富翁来说,这 10 万元奖金的效用就无足轻重。可见,同样的回报,对不同情况个体来说,效用完全不同。

(2)回报的单位是具体的和多种多样的,而效用的单位是抽象的和可赋值的。经济回报的计量单位是货币,地位回报的单位可以是职级(如由科长提升为处长),声誉回报可以是"提高了知名度"。这些不同的回报的效用都是没有具体单位的,只能表示为某个较大或较小的抽象赋值。但在制度设计过程中,为了方便,在假设个体为风险中性的前提下,可以用货币值作为对效用的抽象赋值,下面的测量交换效用的"临界值法"就是这样的。

2.8.2 交换效用

在制度设计过程中,常常需要比较各种回报的效用大小。如果参与比较的各回报都是同类型的,则可以直接比较。比如,经济回报可以直接比较货币收益的值，2 万元的经济收入肯定比 1 万元的经济收入的效用要大，这无论对谁都是一样的。

但不同类型的回报之间，如经济收入与声誉等，是无法直接比较各回报的效用大小的。这时，可以采用交换效用的方法来比较各回报的效用大小。

交换效用，即采用交换原则来估计效用值，交换效用法是一种比较不同回报的效用的方法。这种方法不需要对回报的效用直接进行计算，而需要以人们对不同回报是否愿意交换为判断依据来比较回报的效用大小。

如果某人愿意让出回报 r_1 交换得到回报 r_2，则对他来说回报 r_1 的效用小于等于回报 r_2 的效用，即 $u(r_1) \leqslant u(r_2)$。

若行为者既愿意让出回报 r_1 交换得到回报 r_2，又愿意让出回报 r_2 交换得到回报 r_1，则对他来说回报 r_1 与回报 r_2 的效用相等，即 $u(r_1) = u(r_2)$。

比如，一个饥饿的人（甲）愿意用 1000 元买另一个人（乙）的一个面包，则对甲来说，一个面包的效用大于 1000 元的效用。而对于乙来说，他愿意把一个面包以 1000 元的价格出售，则 1000 元的效用大于一个面包的效用。若一个人既愿意用 1000 元买一个面包，也愿意用一个面包来换取 1000 元，则说明对他来说，二者的效用相同。

2.9　测量交换效用的临界值法

2.9.1　风险中性假设下可用货币对效用赋值

在制度设计过程中，为了方便地比较不同类的回报的效用大小，首先需要决定如何对效用进行赋值。

在管理实践中，使用最多的回报是经济类回报，工资、奖金、罚金等都是这一类回报。因此，为了方便，在假设个体为风险中性的前提下（这时效用与经济收益呈线性关系），可以用货币值作为对效用的抽象赋值（即交换效用的基础值），这样，一些经济类的回报，因为其本来的单位就是货币，所以就不需要另赋值了，可把经济回报的货币值直接作为其效用的值。

2.9.2　测量交换效用的临界值法

临界值法是指对社会型回报用经济型回报来交换，通过不断地变化经济回报的货币值，直到发现所测量的个体交换意愿变化的临界值。具体分为"低高法"与"高低法"两种。

1. 低高法

低高法即用从低到高的变换交换个体将得到的社会型回报的经济回报的货币值，找出个体的交换意愿从"不愿意交换"到"愿意交换"的经济回报货币值的临界点，这时的临界点即该社会型回报的效用值（以货币赋值的）。

比如，对于即将被提拔为"处长"的一个科长，测量者先提供 100 万元来让对方"放弃"这次提拔，发现对方表示"拒绝"。测量者把提供的钱提高为 120 万元，对方仍然表示"拒绝"，然后提高为 130 万元时，对方突然表示"愿意成交"，则该"处长职位"对该科长来说，其交换效用为

$$u = \frac{130+120}{2} = 125 \text{（万元）}$$

2. 高低法

与低高法相反，高低法即用从高到低的变换交换个体将得到的社会型回报的经济回报的货币值，找出个体的交换意愿从"愿意交换"到"不愿意交换"的经济回报货币值的临界点，这时的临界点即该社会型回报的效用值（以货币赋值的）。

2.10　交换效用的重要意义

交换效用在奖励制度或惩罚制度的设计中非常有用，因为在这种制度中，同一行为常常同时具有多种类型的回报。为了判断当前制度下被管理者对各行为的选择倾向，就需要把每个行为的多种类型的回报的效用一律都换算成经济回报的效用，然后把同一行为的各种回报的效用相加求和（这时各回报的效用都已经转换成货币值，因此可加），从而方便地比较各行为的总体效用大小。

2.11　心理成本 M 与临界心理成本 M^*

1. 心理成本 M

不良行为导致行为者产生心理成本，心理成本是本书提出的一个重要概念，

也是行为管理与制度设计研究的一个重要进展。

心理成本 M 是指人们在进行某种不良行为时，因为其与自己的道德观或者行为习惯相矛盾，或者因为其具有被惩罚的风险，所以产生心理压力或者心理不安。

对于一个同样的不良行为或者风险行为，不同的人的心理成本不同。一般来说，越是道德感强的人，越是风险厌恶的人，其心理成本越高。

对于一个确定的具体人来说，其心理成本的大小直接与行为的性质相关，越是与人们道德观、价值观相违背的行为，越是风险高的行为，其心理成本越大，即人们越不安。

需要注意的是，在一般情况下，凡是不良行为，只要行为者的道德观、价值观正常，其心理成本与经济成本等具有相同的正负号，即与行为收益具有相反的正负号。但在制度设计实践中，有时会遇到心理成本与经济成本的正负号相反，即与行为收益具有相同的正负号的情况。这种情况说明，行为者的道德观不正常，如具有反社会人格等。在这样的情况下，他选择不良行为不仅没有心理压力，反而会产生心理快感。

对于正常人来说，只有有利于社会的行为，其心理成本才与经济成本的正负号相反，即与行为收益具有相同的正负号。在这样的情况下，其心理成本在实际上是心理宽慰。

2. 临界心理成本 M^*

在惩罚制度设计中，临界心理成本是一个非常重要的概念（用 M^* 表示）。

临界心理成本是指被管理者在当前制度下，即对某不良行为给定其期望回报 r 和成本 c 的情况下，被管理者遵守制度管理即不去选择不良行为所需要的最小心理成本。在该制度下所有的心理成本小于临界心理成本的人，都不会选择不良行为，而所有的心理成本大于临界心理成本的人，都可能会选择不良行为。

2.12 心理成本的测量

1. 心理成本的测量方法——交换效用法

惩罚制度设计的主要目标是抑制不良行为，这时，被管理者从事不良行为时心理成本就成为计算制度效果的重要变量。因此，需要对被管理者从事不良行为时的心理成本进行测量。心理成本的测量，是用交换效用法进行的。

比如，某单位在采购原料时，对主管人员"采购某种质次价高原料"这个不良行为的心理成本的测量。因为这种行为明显与主管人员道德观念相违，所以该行为对他来说具有较高的心理成本。在测量时，可以在确保真实回答问题的环境下，测量者先提供 1 万元来让对方（即采购主管）同意进行该行为，发现对方表示"拒绝"。测量者把提供的钱提高为 2 万元，对方仍然表示"拒绝"，……，直到提高到 10 万元，对方仍然拒绝，但提高到 12 万元时，对方突然表示"同意"从事该行为，则该不良行为的心理成本为

$$M = \frac{10+12}{2} = 11 \text{（万元）}$$

在采用交换效用法测量心理成本时，要注意排除测量对象的不良行为的自然回报的干扰。比如，在测量"作弊"这个不良行为的心理成本时，测量对象应当是正常的"没有作弊的必然需求"的群体。如果测量对象本身都是一些"不作弊就根本不可能考取"的人，则他本身就有"作弊需求"，这时即使不额外给他好处（交换效用），他可能也会选择这个不良行为。在这样的情况下，交换效用法就不准确了。

2. 心理成本分布表

在实际的制度设计中，制度下的管理对象往往是一个群体。对于同一种不良行为，群体中不同个体的心理成本往往不同。在这样的情况下，就需要对群体进行调查，制定出群体针对某一不良行为的心理成本分布表。表 2-1 是某单位（具有 120 名员工）某种不良行为的心理成本分布表。心理成本分布表是对群体的管理制度进行准确的设计的重要基础数据。

假设经计算，该单位针对该不良行为的惩罚制度的临界心理成本 $M^* = 3$ 万元，则根据表 2-1，可以发现在该制度下至少有 20%的人不会遵守制度管理，因此这不算是一个非常有效的制度。

表 2-1　某单位员工某不良行为心理成本分布表

心理成本区间/万元	人数	百分比	累积百分比
0~1	6	4%	4%
2	21	16%	20%
4	56	41%	61%

心理成本区间/万元	人数	百分比	累积百分比
8	27	20%	81%
10	14	11%	92%
大于 10	11	8%	100%

注：最大数为本行数，最小数为大于上行数的开区间

第 3 章 制度部件——观测器

3.1 制度部件的概念与类型

3.1.1 制度部件的概念

制度是由制度部件按一定的连接关系形成的结构。制度的部件，是制度整体结构中的各种具体功能单元。每一个制度部件，都是由其功能的执行者（组织机构，是人与技术设备的结合体）及运作规则组成的。

如果是制度中的某个部件性能不良而影响到制度效果，就要设法改进该部件，这就是制度的部件设计。制度的部件设计，要么是在现实中寻找性能更优良的制度部件，要么是设计出性能更好的制度部件。

3.1.2 制度部件的类型

按照功能的不同，制度部件可分为三大类，即观测器（包括概率器）、促进器、抑制器。这三个大类中，又可分为具有各种不同特性和原理的具体类型的部件，比如，促进器大类中，可分为回报型促进器、机会型促进器、资源型促进器等。

观测器是用来发现或标识目标行为是否发生或者目标行为的努力水平的。观测器的输出端一般会连接执行性的制度部件，如促进器或者抑制器等。

促进器具有促进目标行为发生或提高其努力水平的功能，抑制器具有使目标行为消失或者降低其努力水平的作用。

3.1.3 制度部件执行者的设计（选择）

制度部件的设计，主要解决两个问题，一是制度部件的运作规则的设计，二是制度部件功能的执行者的设计（选择）。

制度部件的运作规则与具体的制度部件种类有关，因此该内容将在各种具体的制度部件介绍时给出。这里，主要讨论在设计制度部件时执行者需要注意的问题。

1. 优先保证执行能力

制度部件的执行者的根本作用是使制度部件的功能得到有效的执行，因此，其执行者必须具有相应的执行能力。实际上，制度部件功能的执行力弱，是许多制度效果不良的常见原因。

例3.1　监管队伍执行能力不足是我国食品安全问题频发的重要原因

食品安全事故严重阻碍了我国食品产业的健康发展。实际上，我国的食品安全问题频发的一个重要原因，是监管队伍执行能力不足。

有学者实地调查发现，某省具有 14.6 万家持证餐饮企业，实际监管人员仅 1548 人，平均每人监管 94 家企业[1]。目前全国食品生产企业有 500 多万户[2]。此外，还有不计其数的食品门店、作坊及小摊贩和数不清的农民种植与饲养。对于各个具体的县来说，仅凭各县那区区十几号人（对于一个人口达百万人的县来说，实际执行食品药品监管任务的县级食品药品稽查大队编制不超过 20 人，要承担全县生产、流通、消费环节食品安全监督检查和违法查处工作；承担全县药品、化妆品、医疗器械和药品包装材料生产、经营、使用的质量安全监督检查和违法查处工作！），如何"监管"得了？因此，我国的食品安全问题似乎陷入了媒体曝光→政府整治→死灰复燃的陷阱之中[3]。

2. 防止自然回报干扰造成执行力偏差

所谓的自然回报，指非制度设定的回报（工资、奖金、提拔职务等，都是制度下的回报，也称为管理回报），是行为发生后由行为者在环境中自然形成的回报。比如，个体经营者如果努力经营，从市场上获得的经营利润会增加，这个回报就是自然回报。

自然回报能够导致部件功能执行者的执行力发展偏差。比如，现实中所谓的"既当运动员又当裁判员"的现象，就是指"个人利益"这个自然回报导致分配资源的执行者的执行力发生偏差，导致资源的分配向自己或自己的关系人倾斜，破坏了制度的公平性。

人们深恶痛绝的"权力寻租"问题，本质上就是制度部件功能的执行者因为有"贿赂"这个自然回报，所以使本来的"秉公办事"出现了"谁给好处就给谁办事"的执行力偏差。

例 3.2　官出数字与数字出官

数字出官，官出数字。这是官场弄虚作假、谎报成绩的一个典型现象。这个现象之所以长期存在，是因为这些申报政绩数字者，同时又是这些政绩数字的受益者。这在实质上就是行为变量（见第 4 章回报函数部分）的采集执行者受到自然回报干扰发生执行力偏差的问题。

例 3.3　公平秤不公平

为了保护消费者利益，上海市的许多菜场、集市都设立了公平秤，并且一般设有专门的掌秤人，目的是当顾客对所买到的蔬菜等分量不放心时，可以到公平秤处秤分量。

但是，市区各物价监督站在市场检查中，发现许多公平秤的掌秤人不但不保护消费者利益，反而偏袒缺秤人，坑害消费者。比如，一消费者由于所买的大米缺秤，与小贩发生了争执。这时，公平秤的掌秤人过来了，对消费者说："你又不是买金子，斤斤计较做啥？"

公平秤竟然会帮助小贩坑害人，这是管理部门当初所没有料到的。

简评：

这个问题的出现，也是由于自然回报干扰使制度部件（抑制器，见第 5 章）执行者的执行力出现偏离。在"缺秤"现象发生时，公平秤的掌秤人有两种态度可以选择：一是维护顾客利益，打击缺秤人；二是偏袒缺秤人，损害顾客利益。

这两种态度的"自然回报"是不一样的。因为顾客都是过客，所以维护顾客利益也得不到什么好处。而缺秤人都是菜场的小贩，天天与之接触，得罪了小贩，麻烦却比较大；反之，偏袒缺秤人，顾客最后还是得一走了之，公平秤的掌秤人却可以结交这些缺秤的菜场小贩，日后少不了经常享用"不花钱的菜啊肉啊"什么的。

所以，两种态度相比，显然偏袒缺秤人对公平秤的掌秤人有比较大的"自然回报"，这就是问题的根本。

3.2　观　测　器

1. 观测器的概念

观测器是用来观测目标行为是否发生或者观测目标行为的努力水平的制度部

件。在制度中，是否对行为的回报、资源、机会等进行控制，常常需要以观测到的信息为基础，因此观测器是制度中的非常基本的制度部件。

2. 观测器的性能参数

观测器的性能参数，主要有观测力度、准确度、成本三个方面。

1）观测力度

观测器的观测力度，指在目标行为发生时，该行为"被观测到"的概率的高低。如果被观测到的概率高，就是观测力度大，反之为差。从观测器的性能要求来说，观测力度越大越好。

观测器的观测力度的取值范围为 0%～100%。其中，0%为观测器完全无效，目标行为发生时根本观测不到，而 100%为观测器绝对有效，只要目标行为发生，观测器就一定能够观测到。

2）准确度

观测器的准确度，主要是指观测结果的真实性。比如，在 100 件举报材料中，经过调查核实，其中的 60 件举报材料是真实的，则该举报类观测器的准确度为 60%。

不同的观测器，一般来说准确度也不同。准确度越高则观测器越好。

3）成本

显然，在相同的观测力度和准确性的前提下，观测器的成本越低越好。

观测器的实际成本与观测器本身的性能及所观测对象的规模等因素都有关。这里所说的成本参数，是指对相同规模的观测对象来说，观测器成本的大小。这样，才能比较观测器的成本参数。

一般来说，观测器的观测力度与准确度越高，观测器所涉及的人力与物力就越多，从而成本也越高。同样，如果观测器的观测对象群体规模比较大，则其成本也会比较高。因此，对于一些可变参数的观测器来说，成本、准确度、观测力度这些参数需要综合考虑，并形成适当的平衡。

3.3　三类常用的观测器

3.3.1　举报类观测器

举报类观测器是制度设计中常用的一种用来观测不良行为的观测器类型。它的运作过程是举报者提供举报信息，记录与传递者负责记录和传递举报信息，然后再由调查核实者调查核实举报信息。

从适用范围来说，举报类观测器适于观测具有众多利益矛盾者的行为（比如，涉及利益竞争的行为，或者与大众道德观念相违背的行为），因为利益矛盾者的举报积极性比较高。它也适于观测非视觉行为（如贪污等）。

举报类观测器容易发生的问题有：举报者可能会有意提供不实信息（诬告），传递者可能会扣压举报信息，调查者可能会滥用权力造成实际信息偏轻偏重，从而影响举报信息的真实性。

从对举报类观测器的改进角度来看，可以操作变量有"实名举报"和"匿名举报"，"有奖励举报"和"无奖励举报"甚至"奖励额度"等。表 3-1 是这些变量对观测器性能的影响总结。

表 3-1　举报类观测器的不同类型及性能特点

举报类观测器的类型	特点	观测力度	准确度	适用的观测对象
实名无奖励举报	举报量小，无奖励成本，核实成本低，举报信息传递环节与调查核实环节存在作弊可能	小	高	适于观测不容易核实的不良行为
匿名无奖励举报	举报量较大，无奖励成本，核实成本高，举报信息传递环节与调查核实环节存在作弊可能	较大	低	适于观测容易核实的不良行为
实名有奖励举报	举报量较大，奖励成本高，核实成本低，举报信息传递环节与调查核实环节存在作弊可能	较大	高	适于观测不容易核实的不良行为
匿名有奖励举报	举报量大，奖励成本高，核实成本高，举报信息传递环节与调查核实环节存在作弊可能	大	低	适于观测容易核实的行为和观测关系重大的不良行为

例 3.4　我国古代的举报制度[4]

举报制度在我国历史悠久。《史记·孝文本纪》记载，5000 多年前的尧舜时代，就在交通要道上埋设立柱，人们可以在木柱上刻写意见，因此称为"诽谤木"（这里的"诽谤"有议论是非、指责过失的意思）。

西汉时期，使用"缿（xiàng）筒"来接收举报信，这是一种上方有孔的罐子，信件可入不可出，可以看作我国最早的"举报箱"。《汉书》载："又教吏作缿筒，及得投书。"

在武则天时代，举报箱发展到分类形式，称为"铜匦（guǐ）"，它是一个正方形铜匣，东西南北共四个入口。其中，东面叫作"延恩匦"，青色，喻仁义，凡是赋颂的信件投此口；南面叫作"招谏匦"，丹色，喻忠信，凡直言谏诤的信件须投此口；西面叫"申冤匦"，白色，喻公平，凡是鸣冤的信件可投此口；北面叫"通玄匦"，黑色，凡涉及军谋秘第的信件投此口。"铜匦"是武则天了解社会情况的一个重要信息渠道，由此巩固了自己的统治。

例3.5　"阳光排污"效果好

某市要求企业"阳光排污"，即排污口规定必须是明渠排放，排污口装有污水流量、化学需氧量（chemical oxygen demand，COD）、酸碱度（即氢离子浓度指数，potential of Hydrogen，pH）等指标的测定设备，使群众看得见，易监督，能随时查询污水排放是否达标。

通过对企业实施"阳光排污"，目前，区域内企业偷排漏排现象杜绝，超标排放大幅减少。在许多镇村，除由专职环保人员实施排污监控外，许多群众也主动担当"环保义务监察员"。不久前，某镇一家化工企业开挖一条暗沟偷排污水，被附近村民发现并向环保部门举报，结果受到停产整顿和罚款的处理。

简评：

群众是企业排污的受害者，因此群众对监督企业排污情况积极性很高。这就是举报类观测器"适于观测具有众多利益矛盾者的行为"的表现。

3.3.2　视听觉类观测器

这类观测器分为视觉类观测器与听觉类观测器。

视觉类观测器，适于观测通过视觉可观察到的外在行为。因此，在生产和学习等领域（生产行为和学习行为都是视觉可见的）的制度设计中经常使用这种观测器，比如，在生产劳动现场观察工人是否努力工作的"工头"，观察学生在考试时是否作弊的"监考老师"等，在实际上都是视觉类观测器。

传统的视觉类观测器都是靠"人力"进行观测的。但随着技术的进步，开始使用"摄像头 + 人力"这种人机结合的视觉观测器。比如，交通管理中用大量的摄像头对"交通行为"进行观测，社会安全管理中使摄像头形成的"天网工程"来对"刑事犯罪行为"进行观测。这种观测器的运作过程一般是由"摄像头和计算机"观测与记录对象信息，然后由人力对摄像头及计算机存储的图像进行"识别"。

近年来，"计算机视觉"科学快速发展，计算机对图形及运动图像的识别技术日臻成熟，计算机可以代替"人力"对"人脸"和"动作"进行识别，因此视觉类观测器在技术的支撑下得到了快速的发展和大规模的应用。比如，停车场的"车牌自动识别"系统、机场的"身份证照片与人脸的一致性机器判断系统"、企业使用的"刷脸考勤系统"等，在本质上都是视觉类观测器。这种观测器的运作过程一般是由"摄像头和计算机"观测与记录对象信息，然后由计算机对所存储的图像进行"识别"。显然，这种视觉观测器已经由技术设备代替了"人力"，从而大大地提高了观测速度与准确性。

表 3-2 给出了常见的视觉类观测器的类型与特点。

表 3-2　视觉类观测器的不同类型及性能特点

视觉类观测器的类型	运作原理	特点	观测力度	准确度	适用的观测对象
人力	人力观测	观测时间短，观测范围小，不能记录图像，精度高，观测者可作弊	较大	高	适于观测重要行为
摄像头＋人力	摄像头观测与计算机存储图像、人力识别	可记录，观测时间长，观测范围大，能记录图像，精度低，识别者可作弊	一般	低	适于观测个体众多的行为
摄像头＋计算机视觉技术	摄像头观测与计算机存储图像、计算机识别	可记录，观测时间长，观测范围大，能记录图像，精度高，识别速度快，无作弊环节	大	高	适于观测重要行为、个体众多的行为、要求高速观测的行为

在管理实践中，与视觉类观测器类似的，还有听觉类观测器，如刑事侦查中使用的"监听设备"等。近年来一些大城市对"汽车在市区违法鸣笛"进行整治，因为人耳无法在大量车流中记录与准确判断哪一辆是"鸣笛汽车"，所以此项内容曾经成为执法难点，但自从使用了声呐自动定位执法仪后，乱鸣笛汽车被仪器一抓一个准。这都是听觉类观测器发挥作用的例子。

但总体来说，在实际的制度设计中应用最广泛的还是视觉类观测器，因此这里就不再对听觉类观测器展开讨论了。

例 3.6　古代的科举考试中的作弊与监考[5]

科举考试，"考"而优则仕，对于考生来说意义重大。一些考生为了"考中取胜"，常常作弊。

在古代，科举考试都是一人一间考室，因此与现代考试最大的不同在于"交头接耳"现在不存在。如此，夹带资料进考场，就是最常见的作弊手段。

夹带资料进考场，古称"怀挟"。明朝周复俊在《泾林杂记》曾描述过"怀挟"的众多手法：募善书者，蝇头书金箔纸上，每千篇厚不及寸；或藏笔管，或置砚底。更有半空水注、夹底草鞋之类；又或用药汁书于青布衣衿，壁泥掺之，拂拭则字立见，名曰文场备用。

面对如此作弊手段，各朝代都十分重视监考工作。以北国的金朝为例，《金史·选举志》中记载：检查时，考生要"解发袒衣，索及耳鼻"，即把束紧的长发放下来，看头发结内是否藏有"蝇书"一类的作弊工具，甚至连鼻孔、耳朵也要扒开看一看。

在清代，乾隆皇帝发展到使用军队来对考生进行搜检，并承诺每搜到一名夹带作弊者"赏银三两"。搜检严厉到考生所带的馒头、糕饼都要切开检查。据《清高宗实录》记载，在当年的江南贡院考场上，头场便搜出夹带者21人，二场又搜出21人，导致贡院前的小牢房爆满。当场交白卷的考生68人，未完卷者329人，文不对题者276人。二场点名时竟然有2800多名考生弃考。

3.3.3　印记类观测器

印记类观测器，主要是通过执行者（人或者机器）观测个体在行为过程中留下的印记来观测行为的。这种印记，可以是通过制度规定来强制个体在行为过程中留下印记，如在一些管理制度中要求责任人必须对所负责的事项的相关记录文件签字、盖章；参加某种活动后可取得相应的"证书"；也可以是个体在行为过程中"自然地留下的印记"，如罪犯在刑事犯罪行为中留下的指纹、脚印等。

近年来，随着科技的发展，无线射频识别（radio frequency identification，RFID）技术在印记类观测器中得到广泛应用，比如，为了观测食品安全领域中的造假行为，上海市使用无线射频识别技术进行猪肉质量监控，即在猪耳上打上电子射频耳标记录生猪的饲料、病历、喂药、转群、检疫等信息，如果出现问题，可以方便地查找问题环节。

印记类观测器在管理实践中使用很广泛，对财务的定期审计，实际上就是针对与财务有关的不良行为（贪污、挪用公款等）的印记类观测器。工商部门对食品类商品的定期抽查，也是对食品造假等不良行为的印记类观测器。

表3-3 给出了常见的印记类观测器的类型与特点。

表3-3　印记类观测器的不同类型及性能特点

印记类观测器的类型	运作原理	特点	观测力度	准确度	适用的观测对象
强制印记观测器	制度规定相关行为必须留有强制性印记，人力对印记进行观测	观测速度慢，精度高，观测者可作弊	较大	高	适于观测制度强制性印记，如文件等
微痕印记观测器	使用设备对指纹、脚印等进行高精度观测	对操作人员技术要求高，原始印记获取难度大	大	高	适于观测犯罪行为
无线射频识别观测器	对产品打上无线射频识别标签，使用计算机识别，观测对象产品的制造与流通情况	观测精度高，识别速度快	大	高	适于观测生产行为

例 3.7　烧砖刻名——明朝防豆腐渣工程的办法[6]

明朝洪武五年（1372年），长沙守御指挥使邱广，采用砖石修补城墙，他要求人们在砖上刻制作年份和制作者，这样，如果窑砖出了质量问题，可以立即查到责任者。

简评：

烧砖刻名，是制度强制性印记。

例 3.8　密码牌验证查险行为是否认真[7]

1998年7~8月，中国长江流域发生了特大洪水，防洪大堤需要日夜巡逻，以便及时发现险情，及时处理。

但是，由于长期守卫在千里大堤上，许多人员产生了松懈情绪，巡察过程中出现了应付差事走一趟的现象。对于许多阴湿处、暗道里、丛林间，巡察人员往往不去察看，而是谎称去这些地方看过了，管理者无法判断真伪。所以，如何设计对巡察行为是否认真的观测措施，就成为事关抗洪成败的关键。

这时，在华容县三封寺镇，人们发明了"密码式查险法"，由熟悉堤情的人秘密操作，将一些标有数码的小木牌放在要求巡察人员必到的地点。这样，巡察人员在巡逻时只有认真察看，才能将密码牌找到，交到堤段指挥所。采用这个方法之后，巡察人员的认真程度大大提高，先后查出十处险情，其中许多就是由于放了密码牌才查出的。

简评：

这个观测器在类型上属于强制印记观测器，密码牌起着记录巡察人员巡逻过的地点和巡逻认真程度的作用。这个观测器的巧妙之处在于：因为巡察人员不知道密码牌上的号码，所以无法伪造。只有真的到放有密码牌处认真看过，才能交出密码牌。通过采用这个精心设计的观测器，对巡察行为的认真程度的观测是相当准确的。由此例可以看出，制度设计与其他科学领域一样，也需要发明与创造。

第4章 制度部件——促进器

4.1 促进器的基本类型

促进器全称是行为促进器，是用来促使目标行为发生或者提高其努力水平的制度部件。与其他制度部件一样，促进器也是由运作规则及执行者组成的。

因为影响行为的因素有行为效用（由行为回报与行为成本组成）、行为资源、行为机会，所以行为促进器可分为回报型促进器（简称回报促进器）、资源型促进器（简称资源促进器）、机会型促进器（简称机会促进器）。

4.2 回报促进器

正效用是相关行为能够发生的必要条件之一，而行为能够带来正回报则是行为具有正效用的基础。回报促进器是对目标行为提供正回报的制度部件。在制度下，管理者会使被管理者知道正回报与目标行为变量的关联规则（即回报函数），这样被管理者对目标行为会形成正回报预期，从而能够促进被管理者选择目标行为或者提高目标行为的努力程度。

在制度设计实践中，回报促进器是最广泛使用的促进器类型，工资制度、奖金制度、职务晋级制度等与执行这些制度的机构，在本质上都是回报促进器。

4.2.1 回报函数的概念

回报促进器有两个要素：一个是促进器的回报函数（回报函数规定了回报变量对行为状态的反应规则，即行为变量到回报变量的映射）；另一个是该反应规则的执行者（机构或岗位或设备）。

行为变量是标识被管理者行为状态（如行为的努力程度）的指标，回报变量就是回报的变化量（回报种类变化或者回报数量变化），回报函数就是按一定的映射规则把行为变量与回报变量联系起来，使回报变量随着行为变量而变化。而回报函数的实现则是由回报促进器的执行者（机构或岗位或设备）完成的。

比如，在生产企业中常用的针对"员工努力工作"行为的奖励制度中，常常使用"员工生产的产品数量"作为员工"生产行为"的行为变量，使用"奖金数额"作为回报变量，而"每件产品奖励 100 元"则就是回报函数，实现这个函数关系的"人力资源部"就是该回报促进器的执行者。这个回报函数与这个执行者一起，构成了针对该企业员工"生产行为"的回报促进器。

4.2.2　常用的回报函数

1. 抽象产出型回报函数（孙绍荣函数）

为了在理论上分析制度结构与制度效果之间的关系（见第 9~12 章），需要一种抽象的理论型的回报函数。

孙绍荣设计了一种以行为的抽象努力水平为行为变量的回报函数（孙绍荣函数，见式（4-1））。该函数的特点是其抽象的回报变量随着行为努力水平的提高而递增，但同时边际回报则递减（即回报变量的增加量随着行为努力程度的增加而变得越来越小）。读者在第 9~12 章将看到，这种抽象的产出型回报函数，在分析制度结构对生产效率的影响方面发挥着相当重要的作用。

设个体 i 的努力水平为 e_i，个体 i 的回报（或产出）r_i 与其行为努力水平 e_i 的关系函数为

$$r_i = r_0 - \frac{r_0}{1+e_i} \tag{4-1}$$

式中，$r_0 \geq 0, e_i \geq 0$。其中 r_0 的意义为回报的极限最大值，如生产产品时的最大生产能力、捕鱼时的最大收获极限、土地面积固定情况下庄稼的最大产量、产品市场的最大饱和容量等。因此，该产出公式具有一定的现实基础。

该回报函数为随着努力水平上升趋缓且有上界，其曲线形式如图 4-1 所示。这与经济学中的行为努力水平的边际效用递减理论是一致的。

2. 固定回报函数

固定回报函数下，只要个体"完成某行为"即可得到一定回报。这种回报函数下，"行为变量"只有"没完成"与"完成"两个离散的值，回报变量则也是只有"无回报"与"有回报"两个离散的值。

比如，中国改革开放前，企业曾经有"固定工资"一说。这里，行为变量是"是否签订劳动合同"，回报变量是"是否给予固定工资"。只要人们与企业签订劳

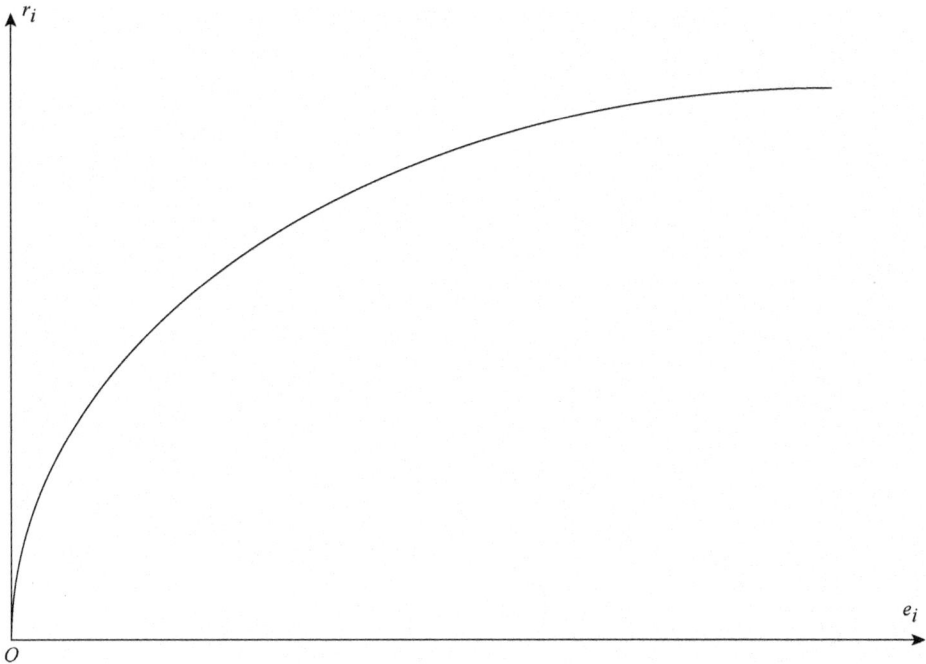

图 4-1　孙绍荣函数下的回报与努力水平关系曲线

动合同，成为企业的一名正式员工，无论工作努力与否，就会得到固定不变的工资。这种回报函数，使人们对"进入国有企业"成为"正式员工"特别感兴趣，因为进入国有企业后就有许多"固定的福利"。但人们进入国有企业后却对努力工作无兴趣，因为努力与否与工资无关。

　　当前，许多企业或事业单位的工资结构中，仍然保留一定数额的"固定工资"（一般称为"底薪"），其作用是为人们提供一个"安全底线"，保证员工在"没有完成劳动任务"的情况下仍然有一定的收入，使员工具有一定的"安全感"。

　　3. 阶梯回报函数

　　阶梯回报函数的特点是把行为变量划分成几个等级，不同等级对应着不同的回报变量水平。

　　比如，某企业对销售人员的阶梯奖励制度为：每人每月销售定额为 1000 件商品，超出定额 100 件奖励 1000 元，超出定额 200 件奖励 3000 元，超出定额 300 件奖励 5000 元（图 4-2）。

　　阶梯回报函数的优点是规则简单，容易操作，因此在实际中应用很广泛。

　　这种回报函数的缺点是存在着努力水平的"失效区间"，即当个体的努力水平

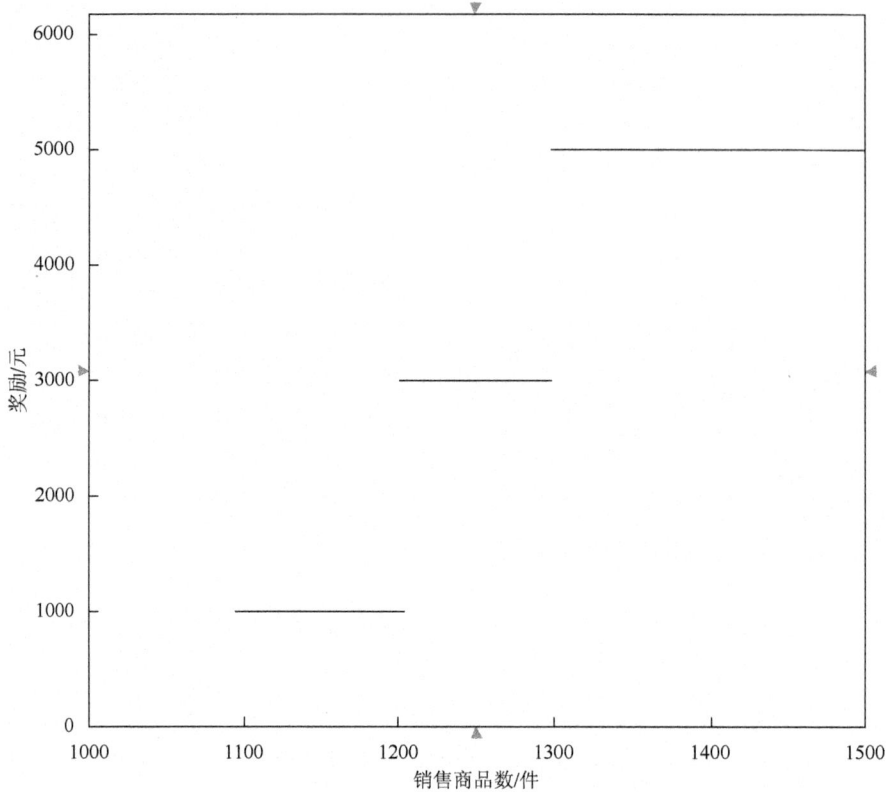

图 4-2　阶梯回报函数

达到一个奖励等级之后，如果再增加努力程度，在努力程度尚没有达到上一级奖励标准线的情况下，这些"超出的努力"是不能为自己增加回报的。因此，若被管理者感觉到自己能力有限，无望达到上一级等级的要求，则往往会放弃努力。这种现象，在努力水平等级之间的差别比较大时，表现得尤为明显。

4. 线性回报函数

线性回报函数的特点是，行为变量越大，回报变量越大，且二者呈线性关系。

比如，许多企业为了激励员工努力工作，针对员工生产的产品实行"计件工资制"，这种回报函数就是线性回报函数。

再如，在产品过剩造成买方市场的大背景下，许多企业为了提高销售人员的工作努力程度，采取了"销售业绩提成制"工资制度，这种工资制度，实际上就是线性回报函数。

图 4-3 表示的是某企业的销售人员的工资制度，提成比例为销售额的 1%，即每销售 1 万元的商品可提成 100 元作为工资。

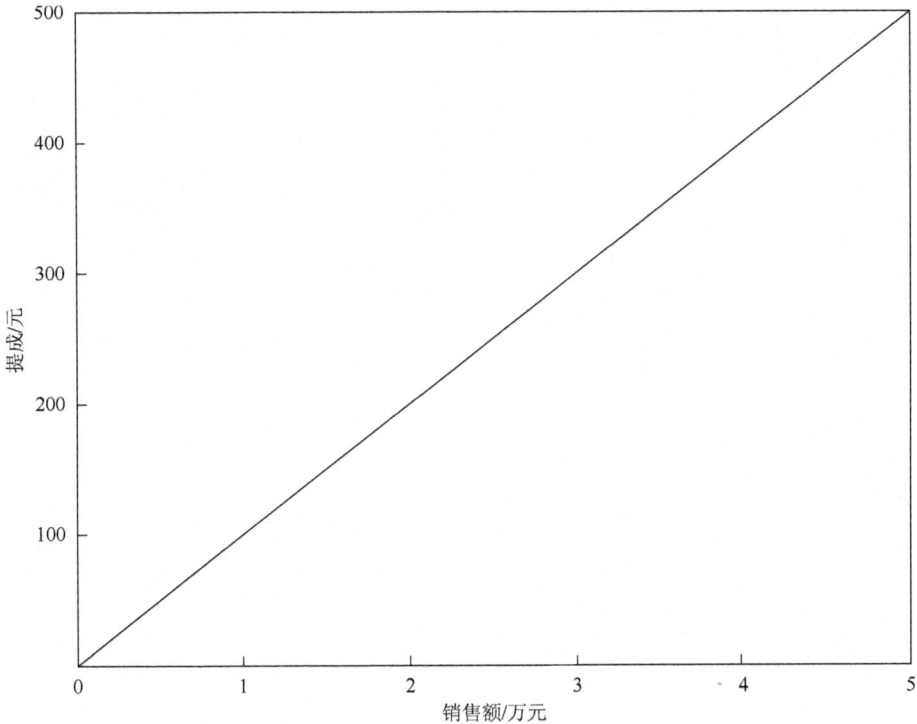

图 4-3 线性回报函数

线性回报函数的优点是对行为变量变化比较敏感，从而对行为的促进效果比较好。其缺点是对行为变量的观测成本比较大，往往需要大量的人力物力对被管理者的行为变量情况（如业绩）进行观察和计算。

5. 阶梯线性回报函数

阶梯线性回报函数是一种把阶梯回报与线性回报结合起来的回报函数，相比前两种回报函数，这种回报函数对目标行为的促进力度最大。

在管理学历史上，美国著名管理学家泰勒（Taylor）发明的差别计件工资制实质上就是一种阶梯线性回报函数。

假设每个工人每天的生产定额为 100 件产品。

如果工人每天生产的产品数量在 100～119 件，那么按每件付给工人 1 美元的标准计件，工人每天收入在 100～119 美元。

如果工人每天生产的产品在 80～99 件，那么按每件 0.9 美元的标准计件，工人每天收入在 72～89 美元。

如果工人每天生产的产品在 120 件以上，那么按每件 1.2 美元的标准计件，工人每天的收入在 144 美元以上（图 4-4）。

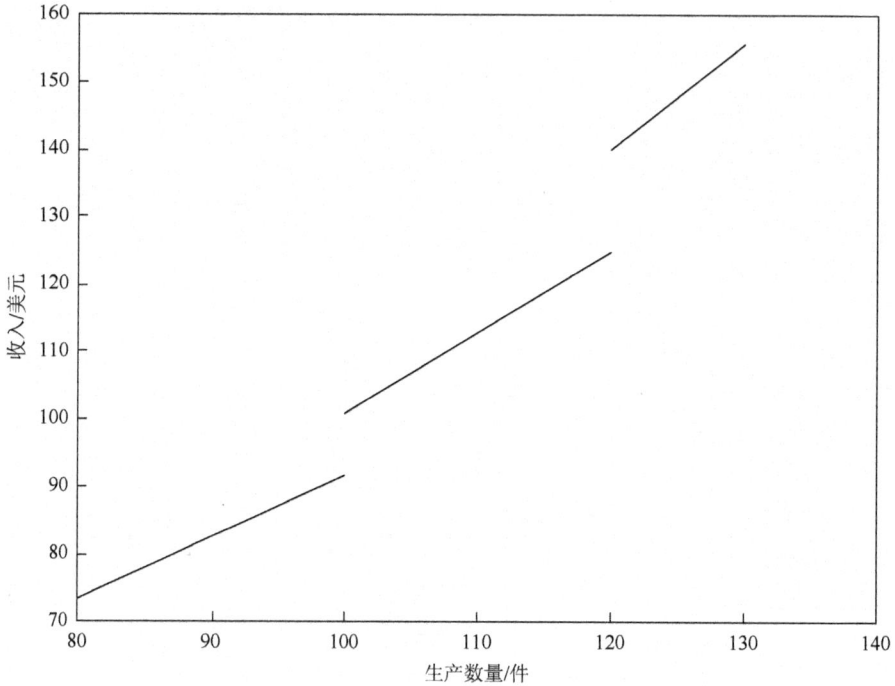

图 4-4　阶梯线性回报函数

用数学模型来描述一般意义上的阶梯线性回报函数，设努力水平为 e_k，e_k 为下标 k 的递增序列，即若 $k<m$，则 $e_k<e_m$。设回报的计算标准为 r_k，r_k 为下标 k 的递增序列，即若 $k<m$，则 $r_k<r_m$。阶梯线性回报函数 $r = f(e)$ 为

$$r = \begin{cases} r_1, & e_1 \leqslant e < e_2 \\ r_2, & e_2 \leqslant e < e_3 \\ \quad\vdots \\ r_n, & e_n \leqslant e < e_{n+1} \end{cases} \tag{4-2}$$

阶梯线性回报函数的优点显然是对目标行为的促进力度大，其缺点是造成员工之间的收入差别巨大。

6. 排序回报函数

排序回报函数，也称为锦标赛机制，是把被管理者按行为变量的大小降序排列，然后按该顺序把给予被管理者的回报渐渐递减。

比如，某单位的奖励制度，给予"努力水平最高者""一等奖"，给予"努力水平次高者""二等奖"等，这在实质上就是排序回报函数。

排序回报函数的主要优点是能够"过滤掉努力水平之外的影响"，从而提高回报的准确性，即当各个被管理者的提倡行为努力水平与工作环境存在关联性时，比如，当选择劳动业绩为行为变量时，如果每个人的业绩不仅与个人努力有关，还与其他人的业绩情况有关，或者当个人的业绩除了个人的努力因素还与环境有关（比如，企业负责人的业绩不仅与其个人的努力水平有关，还与经济环境和所在的行业环境有关），则排序回报函数较其他回报函数更为准确和公平。

但排序回报函数也有一些缺点，如容易在集体内形成不合作气氛，因为排序结果实质上是集体中各成员的相对位置的高低，别人更差就意味着自己更强，从而导致被管理者之间的利益对立。

4.2.3　行为变量的类型与选择行为变量时的注意事项

行为变量是用来观测目标行为是否发生及其努力水平的指标。对于同一种目标行为，可供选择的行为变量往往有许多个。这时，选择合理的行为变量，就成为决定回报函数好坏的关键因素。

在实际的管理过程中，行为变量主要有三种类型：反映行为过程的指标（如工厂中的监工就是用来观测劳动行为过程的努力程度指标的）、反映行为结果的指标（如计件工资制就是用来观测生产行为的产出指标的）、反映行为成本的指标（如考勤就是用来观测劳动时间的长短指标的）。

无论哪种类型的行为变量，选择行为变量时都需要注意以下几方面的问题。

1. 行为变量的可观测性

行为变量的可观测性，指所选择的行为变量要容易观测，即观测成本低，行为变量的大小容易判断。

可观测性是对行为变量的一项根本性的要求，如果可观测性差，则行为变量就彻底失去了意义。因此，在实际的管理制度中，常常有一些这样或那样缺点的行为变量被长期使用，就是因为这些行为变量的可观测性比较好。

比如，在科研管理制度中，常用发表在规定级别刊物上的论文数量作为"科研工作"的行为变量，这个行为变量有许多缺点，比如，导致科研出现单纯追求成果数量的"短平快"，难以产生"大成果"等。但"论文数量"这个指标很容易观测，即其观测成本很低（远低于"论文质量"的这个行为变量的观测成本，因为如果观测"论文质量"，就需要组织专门的评估，成本很高），所以该"行为变量"能够在众多质疑声中长期被使用。

不同的行为，行为过程与行为结果的可观测性不一样。一些行为的行为过程的可观测性不好，但行为结果的可观测性较好，这时就选择"行为结果"作为行为变量，比如，体力劳动，观测劳动过程的成本很高，但观测其劳动结果（如开挖的土方量）却很容易。因此在制度主设计中，针对体力劳动者的行为变量常常是"对劳动结果计件"一类的。反之，对于公务员等的脑力劳动者，劳动结果不容易观测，就只能采用"考勤制"等"计时"一类的行为变量。

2. 行为变量的公平性

行为变量的公平性，指行为变量不受非被管理者本身的行为因素的影响的能力。如果除了目标行为还有其他非被管理者本身的行为因素能够影响该行为变量，那么该行为变量的公平性就不好。

比如，许多地方政府都把企业的经济效益作为企业负责人的考核指标。但在事实上，企业的经济效益既与负责人的工作努力水平相关，也与企业所处的行业的市场景气程度相关。当企业的经济效益大幅度提高时，实际上既可能是因为企业负责人工作努力，也可能是因为当前企业所处的市场环境比较好。因此，单纯地把企业的经济效益作为考评企业负责人的工作努力程度的行为变量，其公平性就不好。

许多高校在评价教师的科研工作时，经常使用教师获得的"科研经费"这个指标。从行为变量的公平性角度来看，这个行为变量的公平性就不好，因为教师能够获得的科研经费不仅受教师的能力与工作努力程度影响，还受教师所在学科的影响，工科、理科与文科等不同学科，能够获取的科研经费相差巨大。

3. 行为变量的导向性

行为变量的导向性，指行为变量被被管理者本身的非目标行为所改变的难易程度,如果行为变量能够被非目标行为轻易地改变,则行为变量的导向性就不好,容易导致被管理者的行为偏离管理目标。

例 4.1　治理大气染污的"以奖代补"政策[8]

2014 年 2 月 12 日,国务院召开常务会议,部署对雾霾等大气污染治理工作。会议提出安排 100 亿元对重点区域大气污染防治实行"以奖代补"。而以前的"补贴"的治理方式,是根据对基层政府的治理工程立项规划、可行性报告等的审核情况发放补贴。而"以奖代补"的制度,则是先对大气污染治理效果进行评估,只有达到一定标准,才能得到奖励。

简评:

原来的"补贴"式的回报函数,其行为变量是"写好治理规划和可行性报告",即只要有治理规划和可行性报告,就可以拿到"巨额补贴"这个回报。在这样的情况下,许多地方政府的兴趣往往只在治理规划和可行性报告上。而补贴到位后,却没有兴趣认真地落实治理行动。因此,行为变量不合理(导向性不良),导致回报函数效果不佳。

而"以奖代补"则不同:地方政府只有治理大气污染有成效后,才能得到"奖励",而治理大气污染的成效如何,国家可以用仪器对其进行非常有效的观测。在这样的情况下,地方政府就必须花大力气对环境进行治理。可见,新的回报函数大大改善了行为变量的导向性,这是新的回报函数效果较好的重要原因。

例 4.2　期权——为改善行为变量导向性而发明的回报函数

期权是 20 世纪 90 年代在美国产生的专门为了治理企业经理人员的"短期行为"而发明的。

在 20 世纪 90 年代之前,观测企业经理的"经营行为"的行为变量主要是"当年业绩",这种行为变量导致了严重的"短期行为",即经理人员为了追求在考核期内(通常为一年)的个人业绩,不惜损害企业的整体利益和长远利益。比如,通过减少生产设备的维修时间来多生产产品,导致生产设备过早地损坏;一些矿山类企业突击采掘迅速产生效益的有用成分含量高的"富矿"和便于集中开采的"厚矿"而丢弃"贫矿"与"薄矿"等。

为了治理这种"短期行为",美国的一些企业开始使用"期权"这个回报函数。所谓的"期权",指把企业的股票送给或者以规定的价格(通常低于当时的市价)卖给企业经理人员,但企业经理人员在接受这些股票后并不能马上卖出,而必须在规定的时间后(通常是 3 年或者更长)才能出售这些股票。这样,如果企业经理人员一味地搞"短期行为"导致企业长期发展受阻,企业的股票价格就会下跌,从而导致他们的利益受损。反之，当企业发展较好时，企业的股票价格就会上涨，从而使他们的"期权"产生很大的收益。

简评：

从行为变量的导向性角度来看，"期权"回报函数的改进主要改变的行为变量，即用长期业绩行为变量代替了原来的短期业绩行为变量。

4.2.4　多行为变量的回报函数

有时，难以找到导向性良好的行为变量，即无论采用哪个行为变量，单一的行为变量都会导致被管理者的努力方向偏离目标行为。这时，可以采用能够在导向上互相补充的多个变量，形成行为的多变量的回报函数，以防止被管理者的行为出现偏向。

比如，对于"出版社"等既有经济效益要求又有社会责任要求的机构，如果单纯地以"经济效益"来评价它们的努力水平，就会导致这些机构片面追求经济效益而放弃社会责任，甚至出版一些迷信的、黄色的书籍等来追求发行量。

在这种情况下，就可以同时采用"社会效益"与"经济效益"两个行为变量，形成行为的二元变量，构成二元变量的回报函数。

4.3　资源促进器

行为资源是行为发生的必要条件之一。资源促进器是通过提供行为资源来使目标行为具备发生条件的制度部件。

常用的资源促进器有定向基金、专项贷款、孵化器（专门支持科技创业行为）、资源平台等。

例 4.3　上海市大学生科技创业基金会资助创业行为

上海市大学生科技创业基金会是全国首家从事推动大学生进行科技创业活动的非营利性公募基金会。提出申请的企业经过审查符合条件后，基金会会向其提供 50 万元以下的资金支持，要求受助大学生也出一定资金共办企业，基金会持股不超过 50%，基金会不参与分红，不收取利息。两年后，经营成功的大学生按照原价买回股份。如果经营失败，那么基金会将核销投资，创业者不需要承担责任。

例 4.4　研发公共服务平台

上海研发公共服务平台是支持企业研发行为的资源服务系统，由科学数据共享、科技文献服务、仪器设施共用、试验基地协作等部分组成。通过这些服务来提升企业创新能力，降低创新创业成本。上海市政府对企业使用研发公共服务平台的仪器设备的成本提供补贴：企业共享使用仪器费用在 5 万元以下的，给予 30% 的补贴；共享使用仪器费用在 5 万元以上的，对超出 5 万元部分给予不高于 15% 的补贴。

4.4　机会促进器

行为机会是行为发生的必要条件之一。机会促进器是通过提供行为机会来使目标行为具备发生条件的制度部件。

在已经具备行为效用和行为资源的情况下，行为机会就成了行为能否实现的决定性因素。人们常说，个人再有能力，没有展现能力的机会，也是难有大的作为的。因此，为目标行为制度化地安排机会，是机会促进器的重要功能。

例 4.5　提供信息就是提供机会

一些地方政府主办的面向大学毕业生的"创业信息平台"，实际上就是"创业行为"的机会促进器，因为通过这个平台，大学毕业生可以找到"创业"的市场机会。

第5章 制度部件——抑制器

5.1 抑制器的类型

抑制器全称为行为抑制器，是用来阻止目标行为发生或者降低其努力水平的制度部件。抑制器通过剥夺行为的条件要素来抑制行为。在制度中，抑制器用来使个体放弃不良行为或者降低不良行为的努力水平。

与其他制度部件一样，抑制器也是由运作规则及执行者组成的，其中的执行者是由机构（包括人与相应的技术设备）构成的。

抑制器可分为回报型抑制器（简称为回报抑制器）、成本型抑制器（简称为成本抑制器）、资源型抑制器（简称为资源抑制器）、机会型抑制器（简称为机会抑制器）。

本章将分别讲述回报抑制器与成本抑制器，因此再强调一下回报与成本两个概念的区别：成本一般与行为同时发生，只要行为发生，成本就必然会发生。因此，成本一般不涉及发生概率的问题。而回报则一般发生在行为之后。在行为发生后，事先预期的回报能否发生，常常是有一定概率的。因此，才有期望回报的概念。

5.2 回报抑制器

回报抑制器是通过对不良行为施加负回报，并且事先公布负回报与不良行为变量的关联规则，使被管理者对不良行为形成负回报预期，以此来促使被管理者放弃不良行为的。

在回报抑制器的设计中，负回报的力度与种类的选择都是十分重要的。

第一，负回报的力度必须适当，力度过小，起不到应有的抑制作用，但如果力度过大，不仅会使抑制器的执行者难以有效执行（产生同情心理或者感觉自己的执行"不正当"），还会导致被惩罚者对立情绪（不服气等）加大，群体也会对被惩罚者产生同情心理和同情舆论，从而使抑制器的效果适得其反。

第二，在负回报的各类选择上，要注意采用不良行为者最为"在乎"的负回报，即对不良行为者具有较大"负效用"的负回报。对亿万富翁开罚单，对制造伪劣食品的流动小贩公布"信誉不良名单"，这些负回报都难以见效，是因为相应的不良行为者根本不在乎这种负回报。

例 5.1　过度惩罚导致制度难以执行

某大学为了制止学生考试作弊，制定了学生管理条例规定：一旦发现学生考试作弊，立即开除学籍。校长以为在如此严厉的制度下，全校的考试作弊现象会完全绝迹。但实际上，导致的情况是：监考老师不忍心认真"抓作弊者"，各系不忍心"上报抓到的作弊者"，少数被上报到教务处的作弊者，教务处讨论后决定的惩罚办法是"先让学生写检查，看看学生的认错态度再说"。结果是，尽管每年都发现大量的考试作弊的学生，但却没有一个作弊的学生被真正开除。这样，制度的威信反而大受损失，学生作弊现象也更加严重了。

简评：

导致这个看似严厉的制度难以执行的原因，正是"负回报过大"造成的认可性低。当大家都觉得"惩罚过重"时，制度往往难以执行。

例 5.2　企业污染环境行为的经济类回报抑制器的问题

《中华人民共和国水污染防治法实施细则》加上治理水污染行为的执法机构，是中国境内对企业污染环境行为的抑制器。但是，这个抑制器性能不佳，导致企业污染环境行为没有得到有效抑制。

总体来看，这个抑制器存在两个方面的性能缺陷。

一是负回报太小，无法使企业对污染行为形成充分的负回报预期。《中华人民共和国水污染防治法实施细则》规定：企业事业单位排放含有毒污染物的废水的，处 5 万元以下的罚款；对造成水污染事故的，按照直接损失的 20% 计算罚款，但是最高不得超过 20 万元；对造成重大经济损失的，按照直接损失的 30% 计算罚款，但是最高不得超过 100 万元。

比如，某企业曾经造成一次重大污染事故，结果受到最高惩罚，被罚款 100 万元。再看一下这家企业的利润，该企业的半年利润为 4.5 亿元，全年利润可达 9 亿元。对于一个年利润达 9 亿元的企业，罚款 100 万元，只是利润的九百分之一。可见，这个所谓的最大惩罚，其惩罚力度可以说连"隔靴搔痒"都够不上，更不要说对许多污染环境的企业的惩罚多为 5 万元、10 万元的情况了。

二是执行者的执行能力不足。美国的环境保护署（Environmental Protection Agency，EPA）是一个拥有 1.7 万多名员工、年预算超 100 亿美元的庞大机构。而相应的中华人民共和国环境保护部的公务员仅 200 多人，其对企业污染环境行为的惩罚执行能力不足。

可喜的是,在意识到这些问题之后,我国于2015实行的新环保法,大幅地提高了对破坏环境行为的惩罚力度,对污染企业增加了按日连续计罚并且上不封顶的惩罚手段,被赞为"环保法终于长出了牙齿"!

例5.3　生产劣质产品行为的社会类回报抑制器

中国各地方政府设立有质量技术监督局,对本地市场上的产品质量进行定期抽查,并且公布所发现的不合格产品的企业名单。这个机构在事实上是对企业"生产劣质产品行为"的抑制器的执行者。在这种名单中"上榜"的企业的声誉会受到负面影响,即会受到社会声誉的负回报。声誉不佳的企业会引起人才流失,产品的销路也会受到影响。因此,这个声誉负回报引起的间接损失是相当可观的。由此,这个声誉负回报对企业生产劣质产品行为的威慑作用是相当大的。

简评:

在管理实践中,为了提高抑制效果,一些回报抑制器常常综合使用各种回报。比如,针对较严重的不良行为,罚款与降低职务同时使用等就是这种回报抑制器。

5.3　成本抑制器

行为效用是影响行为选择和行为努力程度的重要因素。行为效用是由回报与成本共同决定的。因此,除了有回报抑制器,还存在着成本抑制器。

成本抑制器,是一种人为构造出来的,通过增加目标行为的成本来抑制该行为的制度部件。

比如,一些企事业单位的各种防盗设备设施,包括防盗门、防盗沟、围墙、保险箱等设备,实际上是"盗窃行为"的成本抑制器,小偷在实施盗窃时会由于这些设备设施的存在而付出更多的成本。再如,许多国家实行对国外进口的商品的关税制度,其目的就是提高人们购买国外商品行为的成本,以此来抑制"购买国外商品行为",从而保护本国产品的销路。

5.4　机会抑制器

机会抑制器是通过剥夺(全部剥夺或者部分剥夺)目标行为的行为机会,来使目标行为无法发生或减少其发生概率的制度部件。

在管理实践中,改革相关的制度流程、使用新的技术设备等,都可以形成机会抑制器。其中,许可制度与其执行机构包括生产许可制度、资质认证制度、从业资格证书制度、信息屏蔽制度与其执行机构等，都是比较常用的机会抑制器。

例 5.4　食品企业生产许可制度

食品企业生产许可制度与相应的管理机构组合在一起，实际上形成了"生产劣质食品"行为的机会抑制器。

为了防止企业生产劣质食品危害人民健康，中国对食品生产加工企业实行生产许可证管理。监管机构对食品生产加工企业的生产环境、设备、工艺、原材料、产品标准、技师资质、储运安全水平、检测管理、包装情况等进行审查，并且还要对产品抽样检验，以此对企业的食品安全水平进行评估。对评估合格的企业，颁发食品质量安全生产许可证。从法律上说，只有持有食品质量安全生产许可证的企业才能生产食品类商品。

国家设立食品质量安全生产许可制度并且建立相应的监管机构进行管理，抑制了"生产劣质食品"这个行为。

例 5.5　编号代替姓名实现匿名评考卷——信息屏蔽

在中国的高考评考卷过程中，为了防止评分人员出现给关系人高分的不良行为，采取对考生编号的方法隐去考生姓名，这种方法加上实施这种编号制度的机构，就是一种机会抑制器，这种抑制器能够使评卷者失去作弊的机会，因为他无法准确找到关系人的考卷。

例 5.6　改革票制治理近途票远乘问题

某市在公共汽车运营过程中，常常发现有乘客用"远途买近途票"的行为来占小便宜，损害了公交系统的营业收入。乘客之所以会有这种行为，是因为客观上存在着按不同里程区分价格等级的"等级票制"，从而造成一些乘客"远途买近途票"这个行为的机会。后来，该市的公共汽车一律实行"票价不分远近，一律2 元"的新票制，这就在客观上取消了"远途买近途票"的机会，从而彻底消除了"远途买近途票"这个不良行为的发生机会。

例 5.7　技术设备的作用——治理收黑钱放黑车

多年来，值勤人员收黑钱放黑车问题，一直困扰某省众多煤炭企业的负责其出售煤炭计量计价的煤焦站。这个问题直接导致资金的大量流失。而 1998 年，这个问题因采用计算机管理系统而解决。

这套系统由电子监视系统、电子货币系统组成，所有的出境车辆均由计算机自动记录，并显示其重量。管理站不再收取现金，而是采用磁卡刷卡方式，从而实现了管理人员与现金的分离。

采用这套系统之后，有效地治理了各种值勤人员"私自收钱放车"问题，仅某煤焦站一个月就比以往多收煤款 911 万元[9]。

简评：

这是个通过技术设备消除不良行为机会的例子，因为采用计算机计重、刷卡收钱，所以值勤人员再也没有机会"收黑钱放黑车"了。

5.5　资源抑制器

资源抑制器是通过剥夺不良行为的行为资源来抑制目标行为的制度部件。

例 5.8　禁枪制度

禁枪制度与相应的执行机构形成刑事犯罪行为的资源抑制器。

枪支是刑事犯罪的重要行为资源，为了抑制刑事犯罪行为，中国政府实行严格的禁枪制度。

《中华人民共和国枪支管理法》规定：国家严格管制枪支。禁止任何单位或者个人违反法律规定持有、制造（包括变造、装配）、买卖、运输、出租、出借枪支。国家严厉惩处违反枪支管理的违法犯罪行为。

公安部门主管全国的枪支管理工作。

《中华人民共和国刑法》规定：违反枪支管理规定，非法持有、私藏枪支、弹药的，处 3 年以下有期徒刑、拘役或者管制；情节严重的，处 3 年以上 7 年以下有期徒刑。

例 5.9　抑制"大学生饮酒行为"的资源抑制器

某大学曾发现有部分学生在校内饮酒，造成打架、影响学习等不良后果，于是学校明文规定禁止学生喝酒，违者批评教育。这是一个针对学生饮酒行为的回报抑制器。实践下来发现这个抑制器的效果不佳：一是行为变量观测难，学生喝酒有许多地点，宿舍及校园各角落都是可选择的地方，而辅导员无法随时随地陪伴学生，因此学生的喝酒行为常常难以发现；二是惩罚轻，喝酒行为不是大错，无法重罚，通常是"谈话批评"，这样对学生也就无威慑作用。结果是，禁止学生喝酒的规定成为一纸空文，一些大学生发了助学金就买酒喝，钱用完了就向同学和老师借。

后来，学校把学生的助学金直接打到学生的饭卡中，而这些饭卡不能提取现金，只能在学校食堂吃饭使用，同时学校食堂禁售酒类。这样，一些学生想喝酒却无法购买，助学金只能用来吃饭。自此，该大学的学生酗酒行为大为减少。

这里，"助学金直接入饭卡""食堂不卖酒"等都是抑制器的运作规则，而助学金管理机构、饭卡管理机构、食堂管理机构等是抑制器的执行者，它们结合起来形成抑制学生"喝酒行为"的资源抑制器。

简评：

从这个例子可以看出，不同的抑制器的效果往往相差很大。因此，在制度设计时要注意选择合适的抑制器。

5.6　抑制器的失灵问题

抑制器的失灵，是指抑制器对目标行为失去抑制作用的情况。从失灵原因的角度分类，抑制器的失灵主要有极限式失灵与补偿性失灵两种情况。

5.6.1　极限式失灵

极限式失灵，指抑制器对效用、资源、机会等行为的条件要素的剥夺已经达到极限，无法再进一步剥夺，从而失去抑制作用的情况。

比如，对于声誉型回报抑制器，它只能对一些声誉较高的大企业起作用，也只有这些大企业才怕声誉受到影响。而对于声誉本来就不佳的小作坊来说，一般都不会很在乎声誉情况。因此，对于小企业来说，声誉型回报抑制器的效果往往不佳。

例 5.10　硕士研究生入学考试作弊惩罚"成绩归零"与"三年禁考"对差生无作用

为了治理研究生入学考试中的作弊行为，教育部的 2013 年研究生招生简章规定：对于作弊考生，成绩归零，同时给予三年内禁止考试的处罚。

这个规定乍一看似乎很严厉，但实际上，它对差生的威慑作用不大。

这里的一个重要问题是，作弊的主要是什么样的学生？

一般来说，如果考生的学习成绩很好，一般不用作弊也能考取，因此无须作弊，更何况作弊还有被抓到后成绩归零的风险。

学习成绩很差的考生，正常考试根本不可能考取，因此想考取也只能作弊。对于这些本来就无法通过正常考试的考生，成绩归零也好，三年禁考也好，其实都不是损失。反之，如果作弊没有被发现，反而有可能考取。对于他们来说，如果不作弊则一点考取的希望都没有，如果作弊，通过考试还有一定可能性。

显然，即使在这种看似严厉的"三年禁考"惩罚制度下，他们的"最优选择"仍然是"作弊"。

5.6.2　补偿性失灵

补偿性失灵是指抑制器拟剥夺的行为要素存在无法控制的额外补偿，这时抑制器的效果会大受影响。

比如，对于经济型回报抑制器来说，若被管理者有本单位以外的经济收入，则经济型回报抑制器就会效果不佳。如果本单位以外的经济收入充分大，那么被管理者甚至会"根本不在乎"本单位的"扣发奖金"一类的惩罚。这时，使用经济型回报抑制器也就无法抑制其不良行为了。

再如，国家的"禁枪"政策（资源抑制器）使人们无法在正规的商店中买到枪支，从而在抑制恶性刑事案件方面发挥了较好的作用。但是，如果有人非法倒卖枪支，则会在一定程度上影响这个抑制器的效果。

因为抑制器的补偿性失灵现象的存在，所以在设计和选择抑制器时，要注意拟使用的抑制器所剥夺的行为要素是否存在补偿情况。

第6章 制度设计的工具——孙氏图

6.1 孙氏图的意义

孙氏图是孙绍荣开发的一种专门用来描述制度结构的符号图，全称是"制度设计的图形符号与规则系统"。这个名称过于烦琐，因此将其简称为孙氏图。

孙氏图的重要意义主要有以下几个方面。

一是孙氏图对制度结构的描述简洁清楚。应当说，管理制度问题一直是管理学和经济学研究的主要内容。但多年以来，鲜有取得良好效果的管理制度研究。造成这种情况的主要原因是制度分析的科学性差，没有通用的制度设计工具和技术，大部分的制度研究主要依靠个人经验和思考，从而导致研究不深、常常顾此失彼。特别是没有一个用简洁符号表示的制度整体结构图，仅凭直觉和经验导致难以观察制度的多种因素和复杂结构，在这种情况下也难以形成科学的统计与计算，对各种制度结构的效果和成本难以准确比较与取舍。对于同样的制度问题，人们提出的治理方案常常五花八门，这是因为人们的建议主要来自个人经验。

孙氏图就是为了解决上述问题而开发出来的。它就像制度结构的"电路图"，用各种抽象的符号来表示制度的"部件"，用连接线把相关制度部件连接起来，形成一个清晰而完整的制度结构图，使制度的各种要素及其相互关系变得一目了然。

二是孙氏图能够使制度设计变得像工程设计那样简洁。因为孙氏图是制度结构的一种准确而简洁的表达方法，所以制度设计就可以不再像以往那样盲人摸象，而是可以像工程设计那样，通过孙氏图来描述制度，使用孙氏图来分析制度中当前存在的问题，利用孙氏图来改进当前的管理制度（即制度设计）。

三是利用孙氏图可以清楚地对各种管理制度结构进行分类。在管理实践中，存在着大量的管理制度，一般来说，没有简洁的制度描述工具来准确地描述各种制度的特征，很难对这些制度进行合理的分类。孙氏图是对管理制度的一种抽象的描述方法，可以把各种制度的最基本特征描述出来，舍弃各种非本质的、非关键的特征，从而能够使人们清楚地看出许多不同领域的管理制度在实质上是同一类制度，也能够使人们清楚地看到不同类型的制度的根本差别所在。这样，就可以实现对管理制度的合理分类，使人们对各种管理制度的认识深入到其本质特征上。

6.2　孙氏图中的概念的定义

孙氏图由行为集、线段与部件组成。

6.2.1　行为者

行为者指一类具有共性和共同的利益取向的被管理者，比如，考试制度下的所有参加考试的考生，若认为他们的能力都一样，则可以将其看作一类被管理者，即一个行为者。但若把考生分为优良生、中等生、差生，则为三个行为者。

对孙氏图所描述的制度可以按制度下行为者的多少进行分类。只有一个行为者的制度为单行为者制度；若行为者多于一个，则为多行为者制度。

在制度设计中，根据具体情况，有时也把行为者称为行为主体、个体、被管理者等。

6.2.2　行为与行为集

行为者在管理制度下能够根据对效用的判断做出的选择称为行为，某个行为者在某件事上所有的可能选择构成了他在这件事上的行为集。比如，作为考生的行为者，可以选择正常考试，也可以选择作弊。这里，"正常考试"和"作弊"都是行为，这两个行为组成了考生这个行为者的"行为集"。

行为集有离散行为集和连续行为集之分。

离散行为集中,元素为各种相关行为 b_i。一个离散行为集中至少有两个行为。行为集必须是完备的和互斥的，即行为者必须在行为集中选择一个行为（完备性）并且只能选择一个行为（互斥性）。在只有一个行为者的制度中，下标 i 表示的是该行为者的不同行为。在有多个行为者的制度中，下标 i 一般为双组数，既表示不同的行为者，也表示同一行为者的不同行为。下标 i 的具体表现规则请见 6.4.1 节。

连续的行为集中，元素为某一行为的努力水平 e_i。行为努力水平的取值是连续的。注意 $e_i > 0$。这时，下标 i 通常表示制度中的不同的行为者。

在一些制度模型中，离散的行为集中的行为 b_i 也有努力水平 e_i，在这种情况下，行为者对行为的选择既可能是各种行为 b_i，也可能是各行为的努力水平 e_i。而行为者的选择究竟是什么，则需要根据具体的制度来确定。在各种制度的孙氏图中，对此一般会有说明。

6.2.3　制度部件

制度部件是制度结构中的某一种完整而单一的功能单元，这种功能单元由运作规则及相应的执行者构成。除了"结果"这个过渡性部件，其他部件在孙氏图中称为"××器"，如促进器、抑制器、观测器等。

6.2.4　线段

线段用来连接孙氏图中的各种因素，表示的是各因素之间的影响关系。

为了简洁，线段一般都采用无箭头的直线或折线，但在容易引起歧义的情况下，可以使用箭头表示影响的方向。这时，箭头指向被影响的一方，箭头来源一方为发挥影响作用的一方。

6.3　孙氏图中的部件和行为集的符号

6.3.1　结果

结果的英文为 consequence，因此作者把结果的文字符号规定为 con。

在孙氏图中，常常需要表示行为之后的某种结果。比如，在多个体合作时，合作会产生结果（如合作抬起重物），这个结果再引起一定的回报（如得到工资等）。结果的图形符号如图 6-1 所示。

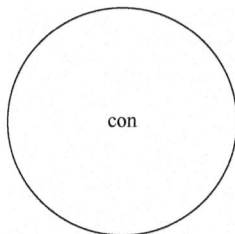

图 6-1　结果

与其他部件一样,结果往往也有自己对行为的反应规则(自然规则或者制度规则)与这种规则的执行者(自然或者制度执行者)。但当这种结果对行为者的行为有直接的影响意义时,它实际上就是行为促进器或者行为抑制器,这时一般直接用促进器或抑制器这个概念来表示。只有当结果不能直接表现出对行为的影响意义时,才用结果这个概念来表示。因此,在孙氏图中,结果是一种过渡性部件。

6.3.2　促进器

促进器的英文为 promoter。在制度中用促进器对行为进行激励。当需要某行为发生或提高某行为的努力水平时,常常对该行为置以促进器。

在实际的孙氏图中,促进器有三种类型:回报促进器、资源促进器、机会促进器。

1. 回报促进器

回报促进器是用行为的正回报来促进行为发生或提高行为努力水平的。如发放工资和资金、提升职务的规则及其相应的执行机构,就构成了回报促进器。

回报促进器的图形符号如图 6-2 所示,文字符号用 r 表示。

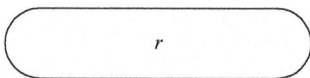

$$r$$

图 6-2　回报促进器

2. 资源促进器

资源促进器,用提供行为资源的方式,使行为具有发生条件或者具有提高努力水平的条件。比如,为了促进"科学研究"行为,国家经常设立"科研项目",为开展科研活动提供一定的资金支持。这里,设立科研项目的规则及其相应的执行机构,其实就是"科学研究"行为的一种资源促进器。

资源促进器的图形符号如图 6-3 所示,文字符号用 res 表示。

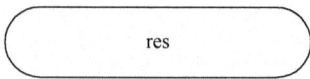

$$res$$

图 6-3　资源促进器

3．机会促进器

机会促进器，用提供机会的方式，使行为具有发生的可能性。比如，"高考制度"及其相应的执行机构，就是"参加高考"行为的机会促进器，因为前者使后者具有发生的可能性。

机会促进器的图形符号如图 6-4 所示，文字符号用 opp 表示。

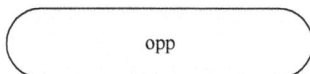

图 6-4　机会促进器

6.3.3　抑制器

抑制器的英文为 suppressor。在制度中用抑制器对行为进行压制。当需要促使某行为不发生或降低该行为的努力水平时，常常对该行为置以抑制器。

在实际的孙氏图中，常用的抑制器有四种类型：回报抑制器、资源抑制器、机会抑制器、成本抑制器。

1．回报抑制器

回报抑制器是用行为带来的负回报，即用行为带来的损失，来抑制行为发生或降低行为努力水平的。如处以惩金的规则和相应的执行机构、降低职务的规则和相应的执行机构等都是回报抑制器。

回报抑制器的图形符号如图 6-5 所示，文字符号用 s 表示。

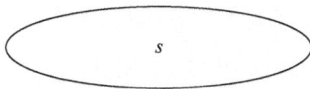

图 6-5　回报抑制器

2．资源抑制器

资源抑制器，用剥夺行为资源的方式，使行为失去发生条件，或者降低行为的努力水平。比如，为了减少"持枪抢劫"行为，许多国家都采取"禁止销售枪支"的措施。"禁枪的办法"及"非法持枪的惩罚规则"与其执行机构一起，构成了"持枪抢劫"行为的一种资源抑制器。

资源抑制器的图形符号如图 6-6 所示，文字符号用 res 表示。

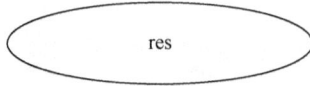

图 6-6　资源抑制器

3. 机会抑制器

机会抑制器，用剥夺机会的方式，使行为减少或失去发生的可能性。比如，在评职称时，对评委名单进行"保密"的办法规定及其执行机构就是"对评委行贿"行为的机会抑制器，因为前者使后者减少甚至失去发生的机会。

机会抑制器的图形符号如图 6-7 所示，文字符号用 opp 表示。

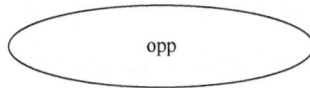

图 6-7　机会抑制器

4. 成本抑制器

成本抑制器，增加行为成本的规则及其执行机构（如"关税"及其执行机构），在本质上也是对行为的一种抑制器，因此其在孙氏图中的图形符号与其他抑制器相同，如图 6-8 所示，文字符号用 c_i 表示，注意下标 i 通常表示行为者，当制度中只有一个行为者时，其下标可省略。

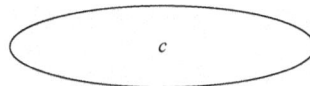

图 6-8　成本抑制器

6.3.4　观测器或分类器或概率器

观测器、分类器、概率器，本质上都是对输入内容进行概率性分类的制度部件，也是由动作规则与执行者构成的，主要功能是对单一的输入（观测对象或分类对象或限制对象）进行多输出的分类。

在孙氏图中，观测器、分类器、概率器的本质作用是相同的，因此它们的文字符号都是 $p_{i1}/\cdots/p_{in}$（在实际的孙氏图中，为了简单，在不会引起混淆时，也用 p_i 来表示，比如，对于观测器 p_{21}/p_{22}，可以用 p_2 来简洁地表示），其中 i 一般是所观测的行为 b_i 的下标。观测器的特点是 1 端输入 n 端输出（一个有 n 端输出的观测器称为 n 元观测器），并且每个输出都有一定的概率，并且这些概率 $p_i+p_{i+1}+\cdots+p_{i+n}\leqslant 1$，这些概率之和之所以不一定等于 1，是因为在孙氏图中，无意义的结果输出可以省略。这样，观测器、分类器、概率器的输出不一定是完备的（完备性指包括所有可能的结果）。在实际的孙氏图中，其输出是否为完备的，要看具体需要而定。

但要注意，观测器、分类器、概率器的输出却有互斥性的要求，即对于某个特定的输入，至多只能输出一种结果，而不能同时输出两种结果。比如，观测器对于某个要观测的行为，结果或者是"观测到"，或者是"没有观测到"，二者只能出现其一。

观测器、分类器、概率器三者主要是在用途上或者意义上有一些差别。

观测器指对行为者的行为进行观测的装置，如考试时的监考就是观测器。观测器对已经发生的离散行为的观测，会有"观测到"和"没有观测到"两个结果，而且究竟出现哪种结果，是有一定概率的（即观测器的灵敏度或观测力度与观测器的性能有关），通常情况下并不是百分之百。

因此，对离散行为的观测器的特点，通常是一个输入端两个输出端（即二元观测器）。图 6-9 是用于对离散行为进行观测的观测器的图形符号，用符号" p_1/p_2 "或者 p 表示，其中，p_1 是"观测到"的概率，p_2 是"没有观测到"的概率。

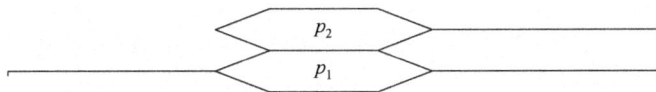

图 6-9　二元观测器

在实际上，也有多于两个输出端的观测器。这样，可以根据输出端的数量对观测器进行分类，具有两个输出端的观测器称为二元观测器，具有三个输出端的观测器称为三元观测器等。比如，对于某个行为进行观测时，如果观测到的可能结果分为行为没有发生、行为发生但努力水平低、行为发生并且努力水平高，则这个观测器就是三元的。

分类器是对某种事物进行分类的装置。比如，可以通过"考试"把学生分成"优等生、良好生、中等生、差生"，因此可以把"考试"看作一种分类器。实际上，把"考试"理解成观测器也无不可，即把学生的类型看成观测的结果。这样，"考试"就可以看作"四元观测器"。由此不难看出，观测器与分类器在本质上的确是相同的，实际上，分类也是通过观测进行的。图 6-10 是一个三元分类器"$p_1 / p_2 / p_3$"的符号。

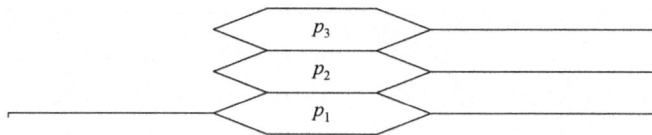

图 6-10　三元分类器

有时，事项在经过某一环节时，以一定的概率出现某种结果，或以与该概率互补的概率不出现这种结果，而"不出现这种结果"这个情况，在孙氏图中没有什么意义。这时，"不出现这种结果"的情况就可以在输出端省略，从而产生了只有一个输出端的"分类器"。比如，"考试"这个环节，其结果可能是"通过"或者是"没通过"。但如果在孙氏图中"没通过"就没有什么意义，则可以略去这个结果。这样，"考试"这个环节就只有一个输出端"通过"，并且这个输出是有一定概率的。这种只有一个输出端的分类器，不能称为一元分类器（因为它实质上是二元的，即实质上有两个输出端，只是在孙氏图中省略了一个互补概率的输出端。实质上只有一个输出端的制度部件，不能称为"分类器"，因为既然是分类，就至少要把事项分成两类），而称为"概率器"。图 6-11 是概率器的符号。

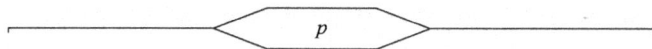

图 6-11　概率器

这种概率器，在孙氏图中经常用来连接行为与预期结果，表示的是行为发生后，出现预期结果是有一定概率的，并不是必然的。概率器这种部件，通常用来对行为的某种结果出现的可能性进行限制。

6.3.5　行为者与行为集的符号

在孙氏图中，行为的英文为 behavior，在离散行为集的情况下，通常用文字符号 b_i 表示行为集中的第 i 个行为。如果是连续行为集，则用文字符号 e_i 表示第 i 个行为者的连续行为集（连续行为集中的元素通常是连续的不同的努力水平等）。其下标的意义之所以不同，是因为在随后的第 7～12 章和第 14、15 章的制度分析过程中，在制度中涉及离散行为集时，多为单行为者的制度，而在涉及连续行为集时，多为多行为者的制度。

在随后的制度分析中，一个行为者通常有一个行为集（实际上一个行为者当然不会只有一个行为集，但由于所分析的制度往往都只是涉及行为者的一个方面的行为选择，比如，只研究生产行为，或者只研究学习行为等，才这样假设。在离散行为集的情况下，一个行为集中的各个行为，用横向并列相接的方框表示，其中每一个方框代表一个行为，每一个方框的上部与下部可画与制度部件的连接线。

下面，按对行为的不同分类方法，分别介绍各类行为的图形符号与文字符号。

1. 离散行为与连续行为

（1）离散行为。若干个离散行为组成了某行为者的行为集，其图形符号如图 6-12 所示。

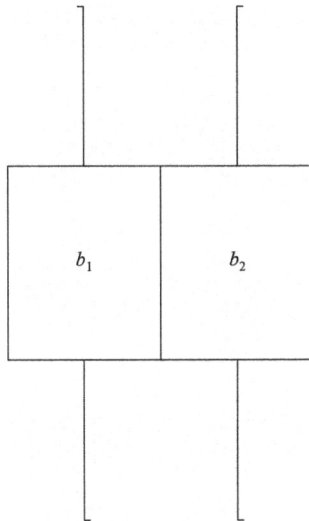

图 6-12　离散行为集

（2）连续行为。连续的行为集，通常是努力水平集合，即某种行为的不同努力水平所组成的集合，其图形符号如图 6-13 所示，文字符号用 e 表示。

2. 确定行为与概率行为

对于离散的行为集中的行为，可以按确定性分为确定行为与概率行为。

（1）确定行为指行为者如果选择了该行为，该行为就一定会出现的行为，即确定行为是否出现，完全取决于行为者是否选择了该行为，再无其他限制。

（2）概率行为指行为者如果选择了该行为，该行为却不一定会出现的行为，即在行为者已经选择了该行为的情况下，出现该行为的概率是小于 1 的。这种情况往往是行为资源不足或机会不充分造成的。在行为管理制度中，对一些不良行为进行资源或机会的限制，往往可以使不良行为由原来的确定行为变成概率行为。

图 6-14 中的 b_2 就是概率行为，其文字符号为 " $p(b_2)$ "。即在概率符号 p 后面的括号里加相应行为的文字符号。

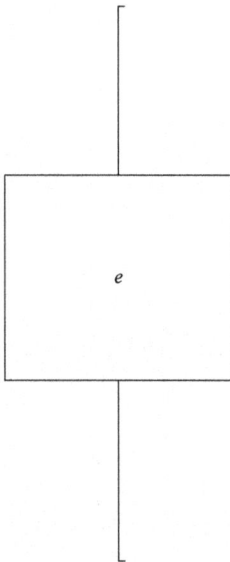

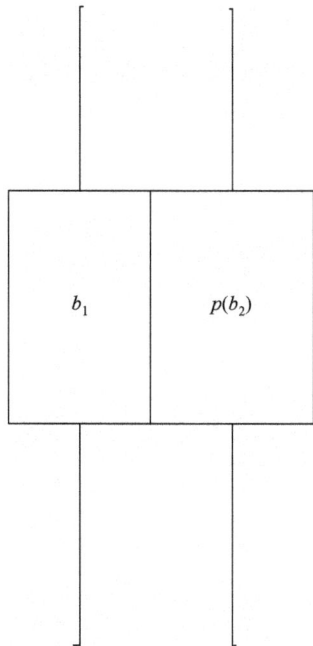

图 6-13　连续行为集　　　　　　　　图 6-14　b_2 为概率行为的二元行为集

6.4　行为与部件的编号规则

6.4.1　行为的编号规则

1. 离散行为集的表示

对于离散的行为集，如果是在单行为者制度的孙氏图中，则直接用下标区分不同的行为。一般情况下，越是需要关注的行为，号码越大。这是因为在孙氏图中往往会对需要关注的行为设置许多部件，这种编号方式使孙氏图比较容易向右展开。比如，在惩罚制度中，需要对不良行为设置观测器与抑制器，所以 b_1 是正常行为，b_2 是不良行为；在奖励制度中，需要对提倡行为设置观测器与促进器，所以 b_1 是正常行为，b_2 是提倡行为。

对于多行为者制度，要在各行为的编号（按同一行为者的行为集中的行为顺序编号）后面加"-"再加上表示行为者编号的数字。比如，b_{1-2} 表示该行为是第二个行为者的第一个行为。

2. 连续行为集的表示

连续行为的编号，如果是单行为者制度，并且整个制度的孙氏图中只有这一个行为集，就无需用编号加以区分。

对于多行为者制度，则直接在表示行为努力水平的符号上加下标区分不同行为者的行为集。如 e_1 表示第一个行为者的努力水平（即第一个行为者的连续行为集）。

6.4.2　部件的编号规则

1. 单行为者制度中唯一类型的部件不必编号

在单行为者制度中，如果某类型的部件在整个孙氏图中只有一个，则不必编号，只需直接用字母表示其类型即可。比如，r 表示孙氏图中唯一的促进器，s 表示唯一的抑制器。

2. 针对多个行为各采用一个同类型部件时，要把部件类型字母符号加上该部件所针对的行为的编号

如果在孙氏图中多个行为都各有一个同类型部件，则采用部件类型的文字符

号加上该部件所针对的行为的编号，以表示该部件是针对哪个行为的。比如，r_1 表示单行为者制度中对行为 b_1 的促进器，s_1 表示单行为者制度中对行为 b_1 的抑制器，r_2 表示单行为者制度中对行为 b_2 的促进器，s_2 表示单行为者制度中对行为 b_2 的抑制器。

需要注意的是，如果针对多个行为各采用一个同类型部件，并且这些同类型部件为同一规格（即完全相同），则这些部件可以采用同一编号而不加区分。比如，行为 b_1 的促进器的文字符号为 r_1，行为 b_2 的促进器的文字符号也为 r_1，就是这种情况。

3. 针对同一个行为采用多个同类型部件时，采用部件类型文字符号加上该部件所针对的行为的编号再加上该类型部件的顺序编号

如果同一个行为具有多个同类型部件，则采用部件类型字母符号加上该部件所针对的行为的编号再加上该类型部件的顺序编号。比如，r_{11} 表示单行为者制度中对行为 b_1 的第一个促进器，r_{12} 表示单行为者制度中对行为 b_1 的第二个促进器，r_{11-1} 表示多行为者制度中对第一个行为者的第一个行为 b_{1-1} 的第一个促进器，s_{12-2} 表示多行为者制度中对行为 b_{1-2} 的第二个抑制器。

4. 多行为者制度中部件的行为者编号不可省略

如果是多行为者制度，则各部件编号中必须有行为者编号。比如，制度中只有针对第二个行为者的第一个行为 b_{1-2} 的促进器，尽管是整个制度中唯一的促进器，但也要采用 r_{1-2} 的表示方法，而不能只使用部件类型符号而省略行为者编号和行为编号写成 r。

5. 有产生混淆的可能但实践中不多见

如果单行为者制度中的行为集中的行为很多，比如，达到了两位数，则会产生混淆。比如，r_{11} 既可以理解为对 b_1 的第一个促进器（当对 b_1 采用多个促进器时），也可以理解为对单行为者制度中的第 11 个行为 b_{11} 的促进器（当对第 11 个行为只采用一个促进器时）。

在实际的孙氏图中，基本上遇不到上述产生混淆的情况，因为基本上没有具有多达两位数行为的行为集，也很少有针对同一行为多达两位数的同类型部件。

6.5　孙氏图的绘图规则

6.5.1　位置规则

孙氏图中各部件相对于行为集的连线位置有一定的表达意义，凡是对行为有促进作用的部件，连接到该行为的图形符号的上方，而对行为有抑制作用的部件，连接到该行为的图形符号的下方。但需要注意的是，这个规则并不绝对。比如，一个观测器从行为图形的上方连接，但观测器一个输出端连接的是促进器，另一个输出端连接的是抑制器。

6.5.2　部件的端点规则

部件的端点规则指部件具有正端与负端并且处于部件的不同位置上。对于促进器、抑制器这类部件，其图形符号为圆角长方形或扁圆形，从而有纵向的长端和横向的短端。这里，把部件的横向的短端称为正端，而纵向的长端称为负端。这样，促进器、抑制器这类部件，由于其长方形或扁圆形的特点，各自都有两个正端与两个负端。

指向正端的线的来源表示"产生"或"增大"该部件作用的因素，指向负端的线的来源表示对其有"变小"作用的因素（图 6-15）。

在图 6-15 中，行为 b_{1-1} 连接促进器 r_{1-1} 的正端，表示 r_{1-1} 由于 b_{1-1} 的出现而产生，或者由于 b_{1-1} 的努力水平提高而增大，r_{1-1} 的负端连接行为 b_{2-2}，表示 r_{1-1} 会随着 b_{2-2} 的努力水平提高而减少。

在图 6-15 中，行为 b_{2-1} 连接抑制器 c_{2-1} 的正端，表示 c_{2-1} 由于 b_{2-1} 的出现而产生，或者由于 b_{2-1} 的努力水平提高而力度增大；行为 b_{2-2} 连接抑制器 c_{2-1} 的负端，表示 c_{2-1} 会随着 b_{2-2} 的努力水平提高而力度减小。

6.5.3　线段规则（箭头线规则）

不带箭头的直线一般表示双向关系，即直线两端的部件相互影响；带箭头的直线表示单向关系，即箭头线出发点的部件影响箭头指向的部件。

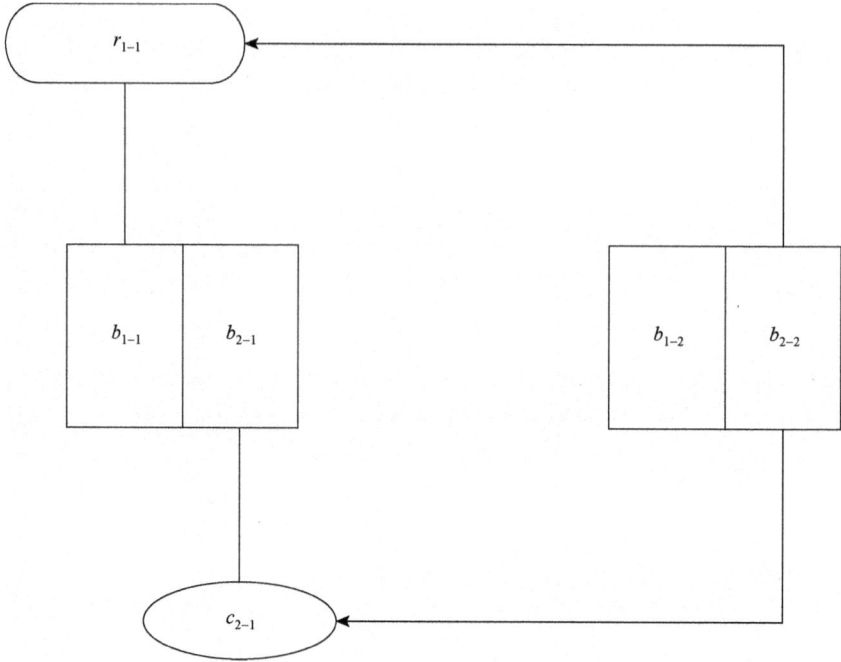

图 6-15　部件的正端与负端

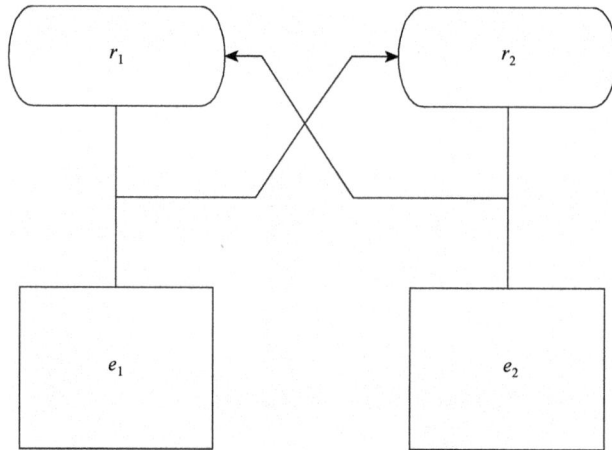

图 6-16　无箭头线与箭头线

图 6-16 中，由 e_1 出发的无箭头线指向促进器（回报）r_1 的正端，表示个体 1 的努力水平 e_1 的提高，会使 r_1 增大，反过来 r_1 增大也会使 e_1 提高，即该线段表示 r_1 与 e_1 存在双向作用。由 e_2 出发的箭头线指向促进器 r_1 的负端，表示个体 2 的努力水平 e_2 的提高，会使 r_1 变小，箭头表示只是 e_2 对 r_1 有作用但 r_1 对 e_2 无作用。同样，

由 e_2 出发的无箭头线指向促进器 r_2 的正端，表示个体 2 的努力水平 e_2 的提高，会使 r_2 增大，反过来 r_2 增大也会使 e_2 提高，即该线段表示 r_2 与 e_2 存在双向作用。而由 e_1 出发的线指向促进器 r_2 的负端，表示个体 1 的努力水平 e_1 的提高，会使 r_2 变小，箭头表示只是 e_1 对 r_2 有作用但 r_2 对 e_1 无作用。

6.5.4　行为成本的省略规则

每个行为都会有成本，与回报相比，成本在行为发生时就已经支出，而且是必然的支出，不需要用概率来表示（或者说概率为 1）。而回报是行为发生后，一般是以一定概率实现的，在孙氏图中有时需要以一定的概率来表示。

在孙氏图中，除非特殊需要（如当有其他行为者的行为或者其他部件指向该成本时），当成本只与本行为有关而与其他行为或部件无关时（即只影响所归属的行为和只被所归属的行为影响），为了简化，可以不在图中画出（但有时为了强调成本的作用，也可以在孙氏图中把成本画出来）。但需要注意的是，在计算行为 b_i 的效用时，计算公式中必须包括其成本 c_i。

第7章 制度的结构分析——竞争制度及参与者数量对竞争激烈程度的影响

7.1 竞争制度结构模型的孙氏图与数学模型

7.1.1 竞争制度概述

竞争是个体为了消除其他个体对自己的不利影响而采取的有针对性的谋求发展的行为。需要注意的是，竞争与对抗是有区别的。对抗是与对方行为的目标取向相反，比如，对方赞成我方反对。而竞争的根本特点是以在竞争测度上"超过对方"为目的的行为。

竞争制度的特点是在被管理者组成的群体中，各个个体的行为回报随着自己努力水平的提高而递增，随着其他个体努力水平的提高而递减。

竞争制度主要用于分配各种有限的福利（如产品的市场销售份额、接受高等教育的机会、职务晋升机会等），以便这些有限的福利发挥最大的社会作用。

在竞争制度中，通常把待分配的福利设置为竞争标的物，让竞争参与者通过提高自己的竞争行为努力水平来争取竞争标的物，从而实现福利分配的目的。

需要注意的是，竞争不一定在市场内进行。比如，由政府来分配用于照顾弱势群体的"救助补贴"等，能够获得"救助补贴"的，必须是非常贫困的人，这时，"贫困程度"就成了竞争测度，在"救助补贴"有限的情况下，许多"不够贫困"的人是得不到"救助补贴"的。这其实也是一种竞争。

在竞争制度中，因为竞争参与者要通过提高竞争行为的努力水平才能够获得较多的竞争标的物，所以竞争制度还有促进竞争行为的作用。一些管理者常常通过设计竞争制度来促进被管理者的提倡行为。比如，一些单位在分配中采用奖金制度，员工只有努力工作才能较多地获得奖金，这样就可以大面积地促进员工努力工作。

用竞争制度来促进提倡行为，具有管理成本低的特点。这是因为，在竞争制度中，标的物必须保持一定的稀缺性才能引起竞争行为。通常情况下，促进被管理者的提倡行为是需要付出管理成本的。但如果把这种管理成本（如管理者支付的奖金）设置成竞争标的物，由于必须保持其稀缺性，竞争标的物的数量不能过多。比如，在奖励制度下，真正得到奖励的人通常是很少的，但却能够使所有员工为争取这些奖励而努力工作。

7.1.2　竞争测度决定竞争制度的效果

竞争测度是竞争中用来比较各个参与者竞争力的指标。各个个体在竞争中所比较的方面就是竞争测度。比如，在两个人相互竞争中，如果两个人比的是谁的力气更大，那么他们的竞争测度就是"力量"；但如果两个人所较量的是谁更聪明，那么他们的竞争测度就是"智慧"。

在竞争制度中所采取的竞争测度决定了竞争行为的性质与类型。在一些竞争制度中，如果竞争测度引起的竞争行为是不良行为，那么这种竞争往往是有害的。以产品的包装为例，在某产品刚刚上市的时候，各个生产商对该产品的包装通常是比较简单的。这时，各个生产商生产该产品的成本是比较低的。但是，往往有某个生产商想通过提高包装水平来扩大销量，从而加大了对该产品的包装投入（中国在 20 世纪 80 年代曾出现过某些厂商用毛毯包装药品的事情，实际上是通过"送包装材料"方式变相对医院的药品采购人员进行贿赂），结果挤占了其他企业的市场份额，从而引起这些企业也用"提高包装水平"的行为进行"反击"，如此不断升级。这种竞争的最后结果是又回到了最初的市场份额划分，但产品却由当初的"简单包装"演变成了"豪华包装"，无谓地增加了企业的成本。显然，"包装水平"这个竞争测度引发的竞争行为是一种不良行为。

反之，一些单位实行"只有工作最努力的员工才能获取奖励"的竞争制度，显然采用的竞争测度是"工作努力水平"，这个测度引起的是员工在提高"工作努力水平"方面的竞争。这种竞争引起的是在提倡行为方面开展的竞争，是一种有益的竞争。

竞争测度一般是参与竞争者某个方面的特征，但并不是参与竞争者的任何特征都适于竞争测度的。能够被选作竞争测度的特征必须同时满足如下条件。

第一，竞争测度必须是参与竞争者通过努力可以改变的特征。只有这种测度才能引发竞争参与者的行为变化，这也是使竞争引发提倡行为的一个前提。在管理实践中，一些竞争之所以能够引发人们的提倡行为，就是因为这些竞争测度是竞争参与者通过努力能够改变的。比如，一些竞争与工作业绩有关，因为工作业绩是可以通过努力工作来提高的，所以才能引发人们努力工作。反之，如果竞争测度不能够通过努力来改变，那么这样的竞争就无法引发人们的提倡行为。比如，人的年龄、性别、种族、家庭出身等如果成为竞争测度，不但不会引发人们的提倡行为，反而会导致不符合这些条件的人失去努力的动力。

第二，竞争测度必须有良好的可观察性。因为竞争中各个竞争参与者要比较谁高谁低，所以竞争测度必须有良好的可观察性，也就是说竞争测度必须是明显的和外露的。如果竞争测度没有良好的可观察性，那么其"竞争的结果"往往会引起非议。

第三，选用的竞争测度必须是可以强化提倡行为的。对于被管理者来说，凡是能够提高竞争测度的行为，都会得到加强。对于管理者来说，被管理者的行为分为提倡行为和不良行为。从这个角度来说，如果某种竞争测度所引发的竞争行为是提倡行为，那么这个竞争测度就是好的；如果所引发的竞争行为是不良行为，那么这个竞争测度就是不好的。

7.1.3　竞争制度结构模型的孙氏图

竞争制度结构模型的孙氏图如图 7-1 所示。

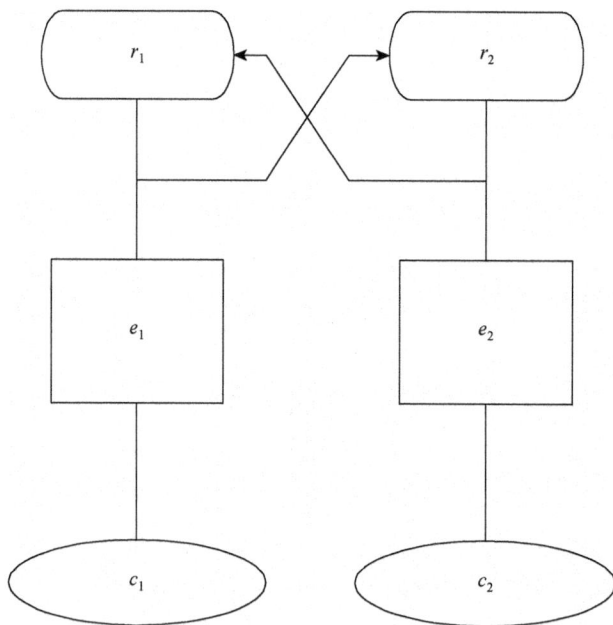

图 7-1　竞争制度结构模型的孙氏图（双个体）

图 7-1 为双个体竞争的特例。其中，由 e_1 出发的线指向促进器（回报）r_1 的正端，表示个体 1 的努力水平 e_1 的提高，会使 r_1 增大，而由 e_2 出发的箭头线指向促进器 r_1 的负端，表示个体 2 的努力水平 e_2 的提高，会使 r_1 变小，箭头表示 e_2 对 r_1 有作用，但 r_1 对 e_2 无作用。同样道理，由 e_2 出发的线指向促进器（回报）r_2 的正端，表示个体 2 的努力水平 e_2 的提高，会使 r_2 增大，而由 e_1 出发的箭头线指向促进器 r_2 的负端，表示个体 1 的努力水平 e_1 的提高，会使 r_2 变小，箭头表示 e_1 对 r_2 有作用，但 r_2 对 e_1 无作用。由此可以清楚地看出个体 1 与个体 2 之间的竞争关系。

7.1.4　竞争制度的一些实例

竞争制度是管理实践中的常见制度。下面列举一些管理实践中的实例。

例 7.1　有限奖励制度

某单位设立"杰出员工奖"，规定每年年终评选出三名工作绩效最高的员工，给予每人 10 万元奖金。该计划公布后，大家工作都变得非常努力。但不管大家多么努力，最后只能有三名员工得到奖金，每个员工获得奖金的概率是自己努力水平的递增函数，是其他员工的努力水平的递减函数。因此，"杰出员工奖"制度是一种竞争制度，工作努力是该制度下的竞争行为。

例 7.2　项目竞标制度

一些大型工程项目采用竞标方式分配给施工企业，项目主管单位在媒体上发布项目招标信息，提出对投标企业的资质要求。符合资质要求的企业都可以参加竞标。其中，报价最为合理的企业中标，即取得该项目的施工权。这样，对于参与竞争的各企业来说，只有一个企业有回报，其他企业则没有任何回报。而每个企业中标的概率是本企业施工能力的递增函数，是其他企业施工能力的递减函数。因此，企业施工能力是一种竞争行为的测度。

例 7.3　商品拍卖

以英式拍卖为例。卖家请经纪人展示商品，多个意向买家报价，后面报价者的出价必须高于前面报价者报出的价格。这样，在拍卖过程中，商品价格一直上涨，直到无人再出更高的价格，卖方把商品卖给出价最高的人。这样，对于参与拍卖竞价的人来说，只有报价最高者才能得到该商品，其他竞价者则得不到该商品。自己报价越高，越可能得到拍品，其他人报价越高，自己越不可能得到拍品，因此，报价是一种竞争行为。

例 7.4　小孩争桃

一棵小桃树，仅结 1 个桃；一群小孩，都想吃到桃。结果是最先来的那个小孩吃到桃，随后来的小孩什么也没有得到。对于这个问题，吃到桃的可能性是自己到来的时间（到来越早，时间的指标越高）的增函数，是其他小孩到来的时间的减函数。因此，到来时间是竞争测度。

例 7.5　产品包装

市场上存在大量的来自不同企业的同质产品。在这些产品中，哪些产品的包装好一些，该产品的市场占有率就会高一些。因此，企业产品的市场占有率是自己企业产品的包装成本的增函数，是其他企业的同样产品的包装成本的减函数。在这样的情况下，产品包装行为就变成了竞争市场份额的行为。

例 7.6　军备竞赛

一般来说，国家的军事实力强一些，其在国际上的势力范围就大一些。因此，一个国家的势力范围是其军备投入的增函数，是其他国家军备投入的减函数。由此，军备投入是一种对势力范围的竞争行为。

例 7.7　站立看电影

20 世纪 70 年代，夏天的夜晚，中国农村常常在空地上放映露天电影。一般情况下，大家自带小板凳，放映电影时坐着看。这样既能乘凉又可欣赏电影，真是一种不错的享受。但是，如果电影的情节特别吸引人，常常有人为了看得更清楚一些，站立起来。这样，站立者身后的人因为被遮挡了视线只好也站立起来。如此演变，最后大家都站立起来。结果是本来可以坐着看得很清楚的电影，变成了只有站立着才能观看的电影了。

这里，看电影的视野是自己站立行为的增函数，是别人站立行为的减函数。因此，站立行为是一种竞争行为。

例 7.1～例 7.4 是标的物不可分割，是竞争行为努力水平影响得到标的物的概率的例子，例 7.5 和例 7.6 是标的物可分割，是竞争行为努力水平影响占有标的物的比例的例子。

7.1.5　竞争制度的数学模型

1. 竞争标的物

在竞争制度中，竞争标的物可分为两类：一类是不可分割性的标的物，如体育比赛的名次、项目的施工权等；另一类是可分割的标的物，如市场份额、在同一个渔场中的捕捞量等。

不可分割的标的物，通常是只有在竞争中取胜的个体（一般为少数）能够得到标的物，而在竞争中失败的个体（一般为多数）则得不到该标的物。但是，为了能够对这两种标的物建立统一的制度数学模型，我们假设获得不可分割的标的物的概率取决于竞争参与者的努力水平。努力水平高的个体，取得的标的物的概率相对高一些，而努力水平低的个体，取得的标的物的概率相对低一些。

可分割的标的物是在竞争参与者之间按比例分配的。努力水平高的个体，取得的标的物比例相对高一些，而努力水平低的个体，取得的标的物比例相对低一些。

这样，通过个体获得标的物的概率，就把不可分割的标的物与可分割的标的物在竞争行为回报函数中统一起来了。

2. 竞争行为的回报函数

为了建立竞争制度下的个体竞争行为均衡模型，作如下假设。

存在 n 个竞争参与者（即个体）。竞争标的物仅有 1 个，其价值为 r_0。

这样，竞争行为回报函数为

$$r_i = \frac{e_i}{\sum\limits_{j=1}^{n} e_j} r_0 \qquad (7\text{-}1)$$

式中，$r_0 > 0$ 为竞争标的物的价值。$e_i > 0$ 为个体 i 的努力水平，r_i 为个体 i 通过自己的竞争行为获得的收益（即竞争行为的期望回报）。

由式（7-1）可以看出，个体 i 的可能最大收益不会超过 r_0。也就是说，个体 i 的收益 $r_i \leq r_0$。当 $n=1$，即不存在竞争时，竞争标的物以概率 1 即 100% 归个体 i，因此这时 $r_i = r_0$，为最大。

在式（7-1）中，$\dfrac{e_i}{\sum\limits_{j=1}^{n} e_j}$ 为个体 i 得到竞争标的物的概率（当标的物不可分割时）或比例（当标的物可分割时）。

例 7.8　包装竞争

有甲乙两家企业生产同样质量与规格的同一产品。两家企业都想扩大自己产品的市场占有率。假设在其他因素不变的情况下，产品的市场份额取决于产品的包装成本。

设用包装成本表示企业的竞争行为努力水平，甲企业花费的包装成本为 $e_1 = 60$ 元/件，乙企业花费的包装成本为 $e_2 = 80$ 元/件，竞争标的物为该产品的市场总份额，即标的物的价值为 $r_0 = 100\%$。

根据式（7-1），则甲企业的产品所占市场份额为

$$r_1 = \frac{e_1}{e_1 + e_2} r_0 = \frac{60}{60 + 80} \times 100\% = 43\%$$

即甲企业的产品占 43% 的市场份额，乙企业的产品占 57% 的市场份额。

例 7.9　工程项目招投标

某工程项目征集企业投标。施工企业如果从事该工程可得利润 1000 万元，即 $r_0 = 1000$。

设企业中标的概率只与企业施工能力正相关，即企业施工能力越强，其中标的可能性就越大，但由于发标单位对企业施工能力的了解与认可等，即使施工能力最高的企业，也不能保证必定中标，只是中标的概率会比施工能力低的企业要高一些。

设有甲企业与乙企业参与竞标。企业的能力以数值表示，其中，甲企业的能力为 5，而乙企业的能力为 4，根据式（7-1），则甲企业参与竞标的期望收益为

$$r_1 = \frac{e_1}{e_1 + e_2} r_0 = \frac{5}{5 + 4} \times 1000 = 0.56 \times 1000 = 560(万元)$$

本例中，甲企业赢得竞标的概率为 56%。

3. 竞争行为的成本

个体 i 的竞争行为成本 c_i 是竞争行为努力水平 e_i 的函数，其数学模型为

$$c_i = e_i \qquad (7\text{-}2)$$

式（7-2）意味着竞争行为的努力水平可以用个体在竞争行为中花费的成本来表示。比如，在企业对其产品的市场份额的竞争行为中，投入的广告费用、宣传费用、包装费用等的数量可以看作竞争行为的努力水平，即这些费用投入得越多，竞争行为的努力水平越高。再如，观看露天电影时对"观看视角范围"的竞争中，坐着看电影更轻松但观看电影的视角范围比较小，可看作竞争行为成本低，即竞争行为的努力水平低；站着看电影比较累但观看电影的视角范围比较大，可以看作竞争行为成本高，即竞争行为的努力水平高。

4. 行为的效用函数

当存在 n 个个体参与竞争时，设个体 i 的效用 u_i 的函数为

$$u_i = r_i - c_i = \frac{e_i}{\sum\limits_{j=1}^{n} e_j} r_0 - e_i$$

即

$$u_i = \frac{e_i}{\sum\limits_{j=1}^{n} e_j} r_0 - e_i \qquad (7\text{-}3)$$

对于式（7-3），需要注意的是，在计算效用时，要把回报 r_i 与成本 c_i 的单位统一起来，通常是统一到经济价值上来。比如，在例 7.5 中，回报的单位是市场份额，而成本则是包装的经济成本。如果应用式（7-3）来计算其效用，就需要把回报的单位由产品的市场份额转换成相应的市场份额下企业可以获得的利润。这样，回报与成本都是经济收支，就可以计算出相应的效用了。

7.1.6　竞争制度下个体努力水平的均衡点

1. 竞争行为努力水平的均衡点

由效用函数式（7-3）对努力水平 e_i 求偏导，并令其为 0，有

$$\frac{\partial r_i}{\partial e_i} = \frac{\sum\limits_{j=1}^{n} e_j - e_i}{\left(\sum\limits_{j=1}^{n} e_j\right)^2} r_0 - 1 = 0$$

即

$$r_0 \left(\sum\limits_{j=1}^{n} e_j - e_i \right) = \left(\sum\limits_{j=1}^{n} e_j \right)^2$$

其中

$$\left(\sum\limits_{j=1}^{n} e_j \right)^2 = \left(e_i + \sum\limits_{j \neq i} e_j \right)^2$$

$$r_0 \left(\sum\limits_{j=1}^{n} e_j - e_i \right) = r_0 \sum\limits_{j \neq i} e_j$$

因此有

$$r_0 \sum_{j \neq i} e_j = \left(e_i + \sum_{j \neq i} e_j \right)^2$$

解得个体 i 的努力水平 e_i 的均衡点为

$$e_i^* = \sqrt{r_0 \sum_{j \neq i} e_j} - \sum_{j \neq i} e_j \qquad (7\text{-}4)$$

2. 影响竞争激烈程度的因素

现在讨论一下影响个体 i 的努力水平均衡点 e_i^* 的因素，即影响竞争激烈程度的因素。

1）标的物价值越大则竞争越激烈

由式（7-4），可直接看出 e_i^* 与 $\sqrt{r_0}$ 线性正相关，即标的物的价值 r_0 越大，个体 i 的努力水平均衡点 e_i^* 越高，即竞争越激烈。

2）其他个体的竞争越努力则个体的竞争行为越努力

再来看个体 i 之外的其他个体的努力水平之和 $\sum_{j \neq i} e_j$ 对个体 i 的努力水平均衡点 e_i^* 的影响，由式（7-4）对 $\sum_{j \neq i} e_j$ 求偏导，有

$$\frac{\partial e_i^*}{\partial \left(\sum_{j \neq i} e_j \right)} = \sqrt{\frac{r_0}{\sum_{j \neq i} e_j}} - 1 \qquad (7\text{-}5)$$

即当 $r_0 > \sum_{j \neq i} e_j$ 时，$\dfrac{\partial e_i^*}{\partial \left(\sum_{j \neq i} e_j \right)} > 0$，意味着个体 i 的努力水平均衡点 e_i^* 会随着其他个体的努力水平之和 $\sum_{j \neq i} e_j$ 的提高而提高，从而表现出努力水平的竞争性。考虑到式（7-2），即每个个体的竞争行为成本等于竞争行为努力水平，因此 $r_0 > \sum_{j \neq i} e_j$ 意味着个体 i 之外的其他众个体的竞争行为努力水平尚没有过度，他们的竞争行为成本之和尚小于竞争标的物的价值，这时个体 i 如果参与竞争，个体 i 所竞得的部分标的物的价值尚能够大于自己的竞争行为成本，因此个体 i 的竞争行为能够带来正效用。

当 $r_0 \leqslant \sum_{j \neq i} e_j$ 时，$\dfrac{\partial e_i^*}{\partial \left(\sum_{j \neq i} e_j \right)} \leqslant 0$，意味着个体 i 的努力水平均衡点 e_i^* 不会随

着其他个体的努力水平之和 $\sum\limits_{j\neq i} e_j$ 的提高而提高。考虑到式（7-2），即每个个体的竞争行为成本等于竞争行为努力水平，因此 $r_0 \leqslant \sum\limits_{j\neq i} e_j$ 意味着个体 i 之外的其他众个体的竞争行为努力水平已经过度，他们的竞争行为成本之和已经大于或等于竞争标的物的价值，这时个体 i 如果参与竞争，他所竞得的部分标的物价值已经不大于自己的竞争行为成本了，他的竞争行为不会带来正效用。

3）竞争参与者的数量越多则竞争越不激烈

竞争参与者数量对竞争行为努力水平均衡点影响，即对竞争激烈程度的影响问题，是一个十分重要的问题，关系到不良竞争的治理，在 7.2 节专门分析。

7.2　两个竞争参与者时竞争最激烈——参与者越多竞争越不激烈

7.2.1　对称竞争

对称竞争是指竞争参与者都是同质的，情况完全一样。在这种情况下，当竞争达到均衡时，各个体的努力水平都相同。这种对称竞争，也就是势均力敌的竞争。

对称竞争具有重要的研究意义。这是因为对称竞争是一种常见的竞争格局，即通常来说，竞争的各方对手的"竞争力"都基本相似。如果个体之间相差很大，则一般无法竞争。比如，国家与国家竞争，企业与企业竞争，学校与学校竞争，地区与地区竞争，员工与员工竞争等。

7.2.2　两个竞争参与者时竞争最激烈——参与者越多竞争越不激烈

假设竞争为对称的，这时竞争行为努力水平均衡点式（7-4）变为式（7-6）。

$$e_i^* = \sqrt{r_0 \sum_{j\neq i} e_j} - \sum_{j\neq i} e_j = \sqrt{r_0(n-1)e_i^*} - (n-1)e_i^*$$

$$ne_i^* = \sqrt{r_0(n-1)e_i^*}$$

$$n^2(e_i^*)^2 = r_0(n-1)e_i^*$$

$$e_i^* = \frac{(n-1)}{n^2}r_0 \qquad\qquad (7\text{-}6)$$

根据式（7-6），当 $n \to \infty$ 时，$e_i^* \to 0$。可见，竞争参与者越多，大家的竞争行为努力水平均衡点越低。这个结论很好地解释了一些客观现象。比如，对于一个只有五六个人的办公室，当要提拔一个人当领导时，则往往竞争得十分激烈。但对于一个有五六百人的工人群体，要从中提拔一个人当领导时，大家的竞争行为反而不强。

式（7-6）的一些具体结果很有趣，也与管理实践中的现象十分相符。

比如，当只有 1 个个体，即 $n=1$ 时，显然，不需要竞争就能得到标的物。按照式（7-6），$e_i^* = \frac{(1-1)}{1^2}r_0 = 0$，即竞争行为的努力水平为 0，也就是不需要竞争行为。

当有 2 个个体，即 $n=2$ 时，$e_i^* = \frac{(2-1)}{2^2}r_0 = \frac{1}{4}r_0$。

当有 3 个个体，即 $n=3$ 时，$e_i^* = \frac{(3-1)}{3^2}r_0 = \frac{2}{9}r_0$。

当有 4 个个体，即 $n=4$ 时，$e_i^* = \frac{(4-1)}{4^2}r_0 = \frac{3}{16}r_0$。

……

…，当 $n \to \infty$ 时，$e_i^* \to 0$。

不难看出，随着竞争参与者的增加，竞争行为努力水平均衡点的确越来越低，而且均衡点降低的速度很快。

式（7-6）的有趣之处在于，当 $n=1$ 时，得 $e_i^* = 0$，而当 $n=2$ 时，得 $e_i^* = \frac{1}{4}r_0$，这是竞争行为努力水平均衡点最高的情况。而后随着 n 的增加，竞争行为努力水平均衡点 e_i^* 越来越小。

这就是说，在给定竞争标的物价值 r_0 的情况下（即在标的物不变的情况下比较竞争参与者数量 n 对竞争激烈程度的影响），竞争最不激烈的是只有 1 个参与者的群体，这时竞争行为努力水平为 0。而竞争最为激烈的是只有 2 个参与者的小群体。对于竞争参与者数量大于 2 的群体，则竞争激烈程度介于 $n=1$ 的群体与 $n=2$ 的群体之间，并且随着参与者数量的增加，竞争激烈程度渐渐降低。当 $n \to \infty$ 时，$e_i^* \to 0$，这就好比在条件完全一样的 10 亿人中选择一个人当总理，大家会对此不当一回事儿，没人为此付出努力（图 7-2）。

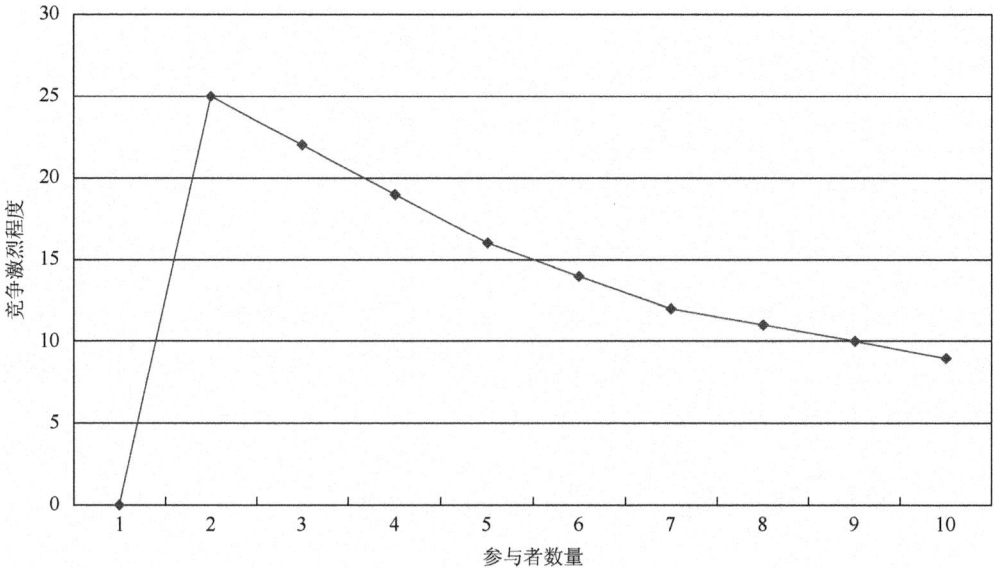

图 7-2　竞争激烈程度与参与者数量的关系（当 $r_0 = 1001$ 时）

在国际政治的冷战时期，因为世界上只存在美国与苏联两个超级大国，所以两个超级大国斗争得十分激烈，并且在 20 世纪 50 年代曾经几乎把世界带到了核战争的边缘。这就是 $n = 2$ 导致的激烈竞争。后来随着苏联的解体，国际社会呈现多极格局，国际政治斗争大为缓和。

同样道理，根据式（7-6），在企业经营领域，在经济学理论中的所谓的完全竞争市场，拥有大量中小企业，实际上远没有仅仅拥有几个企业的寡头市场竞争激烈！经验也说明，在拥有大量中小企业的完全竞争市场中，竞争引发的还都是提高产品质量或降低成本一类的正常行为，而在仅有几个企业的寡头市场，企业之间的竞争激烈，以致常常出现诋毁对方形象、恶意降价以压垮对方等恶性竞争行为。

竞争最激烈的情况为两个竞争参与者时，竞争参与者越多，竞争反而越不激烈。这个结论与人们普遍认为的竞争参与者越多竞争越激烈的观点相反。这个结论是用严格的数学模型推导出来的，是本书的一个重要的科学发现。

7.2.3　竞争参与者越多竞争收益越低

在对称竞争的条件下，把对称竞争行为努力水平均衡点式（7-6）代入竞争行为的效用函数式（7-3），有

$$u_i = \frac{e_i}{\sum_{j=1}^{n} e_j} r_0 - e_i = \frac{\frac{(n-1)}{n^2} r_0}{n \frac{(n-1)}{n^2} r_0} r_0 - \frac{(n-1)}{n^2} r_0 = \frac{r_0}{n} - \frac{(n-1)}{n^2} r_0 = \frac{nr_0 - (nr_0 - r_0)}{n^2} = \frac{r_0}{n^2}$$

即对称竞争均衡时各竞争参与者的效用为

$$u_i = \frac{r_0}{n^2} \tag{7-7}$$

式（7-7）说明，竞争参与者越多，每个竞争参与者从竞争行为中得到的效用越低。因此，式（7-7）很好地解释了大量企业能够进入的低门槛行业的经营利润都非常低的原因。

7.2.4　对称竞争均衡点公式对通过竞争激励员工努力工作的实践意义

通过竞争来激励员工努力工作是一种非常节省管理成本的激励制度。因此，在管理实践中，通过竞争来激励员工努力工作十分常见。比如，只对少数最努力的员工提供奖金，但却能够使大家都为争取奖金而努力工作；一些政府机关里，因工作出色而获得提拔的往往是极少数，但因为提拔机会实际上成为竞争标的物，所以能激励大家为争取获得提拔而努力工作。

但是，竞争行为努力水平均衡点式（7-6）却提出了在采用竞争制度激励员工时需要注意的问题，这就是群体中的成员不能太多，即 n 不能太大，否则会影响竞争制度的激励效果。设想如果有 500 人争一个奖励名额，结果一定是多数人放弃努力。

解决这个问题的办法是奖金分层。比如，每 5 个员工形成一个小组，有一个奖励较小的"鼓励奖"名额，然后在每 5 个获得鼓励奖的员工中有一个"三等奖"名额，在每 5 个获得三等奖的员工中有一个"二等奖"名额，在每 5 个获得二等奖的员工中有一个"一等奖"名额。这样，每个"一等奖"实际上有 125 个个体参与竞争，但因为是奖金分层，每 5 个员工中有一个"鼓励奖"名额，实际上是 $n = 5$ 的情况，所以 n 并不显得很大，这样能够有效地激励大家努力工作。

7.2.5　对称竞争均衡点公式对治理不良竞争的意义

在管理实践中，常常存在一些难以治理的不良竞争行为。比如，企业产品的过度包装问题就是一种不良竞争行为。企业为了争夺市场份额，不惜花费重金对产品进行过度包装，导致产品价格虚高并浪费大量包装材料，还因此产生了大量垃圾，加重了环境污染。长期以来，政府为了治理产品的过度包装，制定了惩罚企业对产品过度包装的法律，鼓励消费者对产品过度包装问题进行举报等。然而，多年来，产品过度包装问题一直大量存在，非常难以治理。显然，造成这种情况的根本，是企业之间对产品市场份额的激烈竞争。

根据式（7-6），参与竞争的企业数量 n 越大，竞争行为的努力水平越低，因此可以增加参与竞争的企业数量来降低竞争行为努力水平，即降低过度包装的程度，从而使过度包装行为得到抑制。因此，式（7-6）提供了解决问题的另一思路：如果发现哪个领域的产品过度包装问题严重，就应当在这个领域内破除寡头竞争的状态，引入大量的中小企业参与竞争，使企业通过提高包装水平争到的市场份额都变小，也就是使企业通过提高包装水平得到的附加利润变小，这样这些企业对产品进行过度包装就会没有兴趣了。这个结论对于治理企业之间的其他恶性竞争行为（如恶意降价等）同样有效，可以通过引入大量的竞争参与者来进入存在恶性竞争的领域，这样就可以使恶性竞争行为的回报变小，企业就不会再对恶性竞争行为感兴趣了。

7.3　同步竞争模型与无谓成本

7.3.1　同步竞争的概念

同步竞争是指全部个体的竞争行为努力水平都同步变化情况下的竞争。

同步竞争是现实中经常出现的情况。在竞争各方的利益关系有一定依赖性而非"你死我活"的情况下，往往会出现同步竞争，即每个竞争参与者都是"看着对手的下手轻重而决定自己的下手轻重"的，如各国之间的"贸易战"通常就是如此。

同步竞争的特点是 n 个个体的竞争行为努力水平都同步变化，即在竞争过程中的任何阶段、任何时刻，所有竞争参与者的竞争行为努力水平都相同：$e_1 = e_2 = \cdots = e_i = \cdots = e_n$。

7.3.2　同步竞争时的均衡点

在同步竞争时，所有竞争参与者的竞争行为努力水平都相同。这时个体 i 的效用函数由式（7-3）可以写成式（7-8）。

$$u_i = \frac{e_i}{\sum\limits_{j=1}^{n} e_j} r_0 - e_i = \frac{e_i}{ne_i} r_0 - e_i = \frac{r_0}{n} - e_i$$

即

$$u_i = \frac{r_0}{n} - e_i \qquad\qquad (7\text{-}8)$$

显然，由于 $e_i \geqslant 0$，当 $e_i = 0$ 时，u_i 取得最大值，即同步竞争时的均衡点为式（7-9），竞争参与者的效用为式（7-10）。

$$e_i^* = 0 \qquad\qquad (7\text{-}9)$$

$$u_i = \frac{r_0}{n} \qquad\qquad (7\text{-}10)$$

这就是说，在同步竞争时，竞争标的物总是以 $\frac{1}{n}$ 的份额（当标的物可分时）或者以 $\frac{1}{n}$ 的概率（当标的物不可分时）分配给每一个个体，因此实际上与大家的竞争行为努力水平无关。在这样的情况下，使个体效用最大的竞争行为最优努力水平当然是 0，即不采取任何竞争行为，因为这时竞争行为不能带来回报，但却产生行为成本。

7.3.3　竞争中的无谓成本

从式（7-9）可以看出，在同步竞争时，个体效用最大化的点是 $e_i^* = 0$，这就是说，如果是相互报复导致出现竞争升级的情况，只会使大家白白地付出毫无意义的竞争成本 $c_i = e_i$，使得原本可以不用竞争就能得到的标的物变成只有通过竞争才能得到。这就如同在夜晚看露天电影：观众用"站得更高看得更清楚"的行为进行竞争的结果，就是使本来可以坐着看的电影，变成了只有站着才能观看的电影了。其他如包装竞争、军备竞争等无一不是如此。这就是不良竞争中的无谓成本。成语"两败俱伤"说的其实就是这种情况。

因此，在同步竞争时，理智的做法是通过协商使竞争降级而不是通过互相刺激对方使竞争升级。

同步竞争产生的竞争成本 $c_i = e_i$，称为无谓成本。

第8章 竞争制度的结构改进设计——限制过度竞争

在人类社会中，许多情况下，适度竞争是有益于社会发展的，但如果竞争过于激烈，往往导致无谓成本（见第7章）等问题。为此，就需要对竞争制度进行改进设计，以限制竞争激烈程度，防止过度竞争。

本章对竞争制度的结构进行改进设计，形成带有警察的竞争制度。由于现实社会中对限制过度竞争的迫切需要，这种带有警察的竞争制度其实已经自发地存在并且在发挥着作用，但尚无人从竞争制度的结构改进设计的角度来分析其深刻的原理。

这里所说的警察，不是指社会职业，而是制度结构中一种抽象的"制度部件的组合"或者一个"制度模块"，指同时满足以下三个条件的第三方个体。

一是不参与竞争的第三方个体，且与任何竞争参与者都没有特殊利益关系。

二是以所有竞争参与者的利益的总和为自己的利益。

三是具有对竞争参与者的过度竞争行为进行惩罚的能力。

8.1 带有警察的竞争制度的概念及孙氏图

8.1.1 带有警察的竞争制度的概念

带有警察的竞争制度是为了降低不良竞争行为努力水平而设计的制度。

在管理实践中，因为不良竞争会危害群体利益，所以常常有"警察"类型的机构或职业，他们通常允许轻微地竞争但不允许过分地竞争，以此来防止不良竞争带来的危害。比如，观众在电影院观看电影时，场内的服务员常常充当维护正常秩序的"警察"：观众可以伸长脖子观看但不能站立起来影响他人。工商管理部门实际上也是管理企业竞争行为的"警察"：他们允许企业对产品进行正常包装但不允许企业对产品进行过度包装。公安部门的民警则是财产安全竞争的"真正的警察"：他们允许居民关好门窗以防止窃贼进入家里但不允许居民持有枪支。正是由于这些警察的有效管理，社会才能长期地稳定在有一定竞争但又不竞争过度的状态中。

从孙氏图的角度来看，带有警察的竞争制度的主要特点是对竞争行为增加一个带有观测器的抑制器，这个增加部分即"警察"。这个抑制器对竞争努力水平的反应特性为：当竞争行为努力水平超过一定的强度时，就对行为者产生一个负回报，并且负回报的强度随着竞争行为努力水平的提高而提高。这样，个体的竞争行为就会受到抑制，被限制在一定的水平内。

8.1.2 带有警察的竞争制度的孙氏图

带有警察的竞争制度的孙氏图如图 8-1 所示。

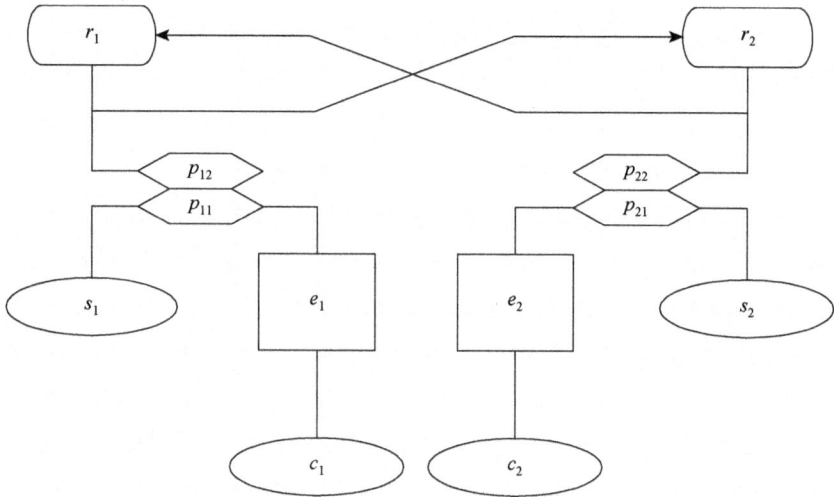

图 8-1 带有警察的竞争制度的孙氏图（双个体）

图 8-1 为双个体竞争的特例。其中，由 e_1 出发的线指向"警察"的观测器 p_{11}，表示当个体 1 的竞争努力水平 e_1 超过"警察"的允许限度时，"警察"以概率 p_{11} 发现其不良竞争行为，如果发现则给予负回报 s_1 来抑制该行为，比如，在电影院中把违反规定的观众赶出现场，对那些对产品进行过度包装的企业进行罚款等。同时，不良竞争行为有 $p_{12} = 1 - p_{11}$ 的概率没有被"警察"发现，这时不良竞争行为会得到回报 r_1，同时会使 e_2 的回报 r_2 变小。同样，由 e_2 出发的线指向"警察"的观测器 p_{21}，表示当个体 2 的竞争努力水平 e_2 超过"警察"的允许限度时，"警察"以概率 p_{21} 发现其不良竞争行为，如果发现则给予负回报 s_2 来抑制该行为。同时，不良竞争行为有 $p_{22} = 1 - p_{21}$ 的概率没有被"警察"发现，这时不良竞争行为会得到回报 r_2，同时会使 e_1 的回报 r_1 变小。

8.2　带有警察的竞争制度的数学模型

8.2.1　警察函数

警察函数表示当个体 i 的不良竞争行为被警察观测到后，个体受到惩罚的力度。本书假设警察函数为个体竞争行为努力水平的分段线性函数，即

$$s_i = \begin{cases} ke_i, & e_i \geqslant l \\ 0, & e_i < l \end{cases} \tag{8-1}$$

式中，$s_i > 0$ 为警察对个体 i 的惩罚，$e_i > 0$ 为个体 i 的竞争行为努力水平，$l > 0$ 为警察所允许的竞争努力水平限度，$k > 0$ 为警察对竞争行为努力水平的惩罚率。

8.2.2　回报函数

回报函数是个体 i 的不良竞争行为没有受到警察惩罚时，个体通过自己的不良竞争行为得到的正回报。假设回报函数仍然采用式（7-1）的形式：

$$r_i = \frac{e_i}{\sum_{j=1}^{n} e_j} r_0$$

8.2.3　竞争行为的成本

带有警察的竞争制度下的竞争行为成本，仍然采用式（7-2），即个体 i 的竞争行为成本为

$$c_i = e_i$$

8.2.4　竞争行为的效用函数

具有警察的竞争制度下的个体 i 的效用函数分为两种情况。

当 $e_i < l$ 时，效用函数与式（7-3）相同，即

$$u_i = \frac{e_i}{\sum_{j=1}^{n} e_j} r_0 - e_i$$

当 $e_i \geq l$ 时，竞争行为的效用函数为式（8-2），读者需要注意不良竞争行为被警察观测到的概率为 p_{i1}，没有被观测到的概率为 $1-p_{i1}$。

$$u_i = (1-p_{i1})r_i - p_{i1}s_i - c_i = (1-p_{i1})\frac{e_i}{\sum\limits_{j=1}^{n}e_j}r_0 - p_{i1}ke_i - e_i = (1-p_{i1})\frac{e_i}{\sum\limits_{j=1}^{n}e_j}r_0 - (p_{i1}k+1)e_i$$

即

$$u_i = (1-p_{i1})\frac{e_i}{\sum\limits_{j=1}^{n}e_j}r_0 - (p_{i1}k+1)e_i \qquad (8\text{-}2)$$

8.2.5　竞争努力水平的均衡点

由效用函数式（8-2）对努力水平 e_i 求偏导，并令其为 0，有

$$\frac{\partial r_i}{\partial e_i} = (1-p_{i1})\frac{\sum\limits_{j=1}^{n}e_j - e_i}{\left(\sum\limits_{j=1}^{n}e_j\right)^2}r_0 - (p_{i1}k+1) = 0$$

即

$$r_0(1-p_{i1})\left(\sum\limits_{j=1}^{n}e_j - e_i\right) = (p_{i1}k+1)\left(\sum\limits_{j=1}^{n}e_j\right)^2$$

其中

$$\left(\sum\limits_{j=1}^{n}e_j\right)^2 = \left(e_i + \sum\limits_{j\neq i}e_j\right)^2$$

$$r_0\left(\sum\limits_{j=1}^{n}e_j - e_i\right) = r_0\sum\limits_{j\neq i}e_j$$

因此有

$$r_0(1-p_{i1})\sum\limits_{j\neq i}e_j = (p_{i1}k+1)\left(e_i + \sum\limits_{j\neq i}e_j\right)^2$$

解得个体 i 的努力水平均衡点为

$$e_i^* = \sqrt{\frac{r_0(1-p_{i1})\sum\limits_{j\neq i}e_j}{(p_{i1}k+1)}} - \sum\limits_{j\neq i}e_j \qquad (8\text{-}3)$$

即如果个体为完全理性人，则他的努力水平将会均衡在式（8-3）所决定的水平上。

比较式（8-3）与式（7-4）（即 $e_i^* = \sqrt{r_0 \sum_{j \neq i} e_j} - \sum_{j \neq i} e_j$ ），因为 $1 \geqslant p_{i1} \geqslant 0$ ，

$1 \geqslant 1 - p_{i1} \geqslant 0$ ，$r_0(1 - p_{i1}) \sum_{j \neq i} e_j \leqslant r_0 \sum_{j \neq i} e_j$ ，$k > 0$ ，$p_{i1}k \geqslant 0$ ，$p_{i1}k + 1 \geqslant 1$ ，所以：

$$\sqrt{\frac{r_0(1 - p_{i1}) \sum_{j \neq i} e_j}{(p_{i1}k + 1)}} - \sum_{j \neq i} e_j \leqslant \sqrt{r_0 \sum_{j \neq i} e_j} - \sum_{j \neq i} e_j \tag{8-4}$$

即带有警察的竞争制度下的个体竞争行为努力水平要低于单纯的竞争制度下的个体竞争行为努力水平。

观察式（8-4）可以发现，只有当 $p_{i1} = 0$ 时，即警察对不良竞争行为的观测能力为 0 时，带有警察的竞争制度下的个体竞争行为努力水平与单纯的竞争制度下的个体竞争行为努力水平才会相等。其实，若 $p_{i1} = 0$，则意味着警察对任何不良竞争行为都不进行惩罚，警察完全不起作用。这时，带有警察的竞争制度已经退化为单纯的竞争制度，二者的均衡点相同是必然的。

8.3　重要结论——警察的社会意义

由上述分析可以看出，警察的意义绝不仅限于传统观念所理解的"维护社会秩序"（指本章的警察概念，但人们对这一类社会角色的作用通常的理解仍然是"维护社会秩序"），还可以抑制个体之间的不良竞争，从而使成员之间的竞争行为均衡点不至于离帕累托最优过远。在管理实践中，带有警察的竞争制度相当广泛，这也说明了这种制度的重要意义。

第9章 制度结构模型分析——正外部性的生产制度

9.1 决定生产制度结构的主要因素是产出与成本的外部性

在管理实践中，常常需要组织多个企业共同生产某类产出。生产制度，是以这些生产企业为对象的产出与成本的分配制度。通过生产制度，可以把多个企业组织起来完成某种产出的生产任务。

本章一直到第12章，主要采用不同的生产制度的结构模型来分析具有不同外部性的生产活动。这时，制度管理下的各个行为者（即制度管理下的个体）就是指各个生产企业。

本章将采用孙氏图给出各种生产制度的结构模型，利用制度结构模型所决定的数学模型对企业的生产规模的均衡点进行分析。这种分析的目的是准确地比较不同的制度结构下的企业的生产规模均衡点的不同偏差倾向，从而发现制度结构对企业生产规模的影响，即发现造成供给不足和供给过剩的制度原因。

对于不同的生产活动来说，决定其到底适用于哪种生产制度结构模型来分析的，是生产活动的产出与成本的外部性。现实中的生产活动，存在三种不同的外部性：正外部性、负外部性、零外部性。

1. 正外部性

正外部性指企业的产出在收益方面存在不可分割性。在现实中，公共类产品常常存在正外部性。

比如，某企业地处偏远山区，因运输原材料与产品的需要，该企业出资建设了公路和桥梁。但是，这些公路和桥梁的建成，收益者不仅是出资者。因为这些公路和桥梁在收益上没有可分割性，所以收益者还有当地的老百姓和其他企业。因此，该企业的这些建设公路和桥梁的投资，就具有正外部性。

2. 负外部性

负外部性指企业的广义成本在受损方面存在不可分割性。在现实中，生产中对环境的污染、对资源的消耗等广义成本常常存在负外部性。

比如，某造纸企业，生产的产品的利润由企业独占，但生产的广义成本，即对河流的污染进一步引起的对水源和土地的污染，造成当地怪病多发，却由当地全部居民一起承担。这个巨大的广义成本，就具有负外部性。

3. 零外部性

如果企业的产出在收益方面和广义成本在受损方面都是可以清晰地分割的，则这种生产活动就是零外部性的。

一些没有环境污染同时也不与社会争夺有限资源的生产活动，如果产出的益处是生产者独占的（其他人想从这些产出受益就必须与其生产者进行交易，即付出成本），则这种生产就是零外部性的。比如，在知识产权保护良好的国家，软件等的生产，就是零外部性的。

9.2 不同的生产制度结构下企业的生产规模适当与否的比较基准——群体最优

在现实中共存在三种基本类型的生产制度：双独立制度（适用于产出收益与广义成本受损都可在企业之间清晰分割的生产）、回报共享制度（适用于产出收益不可在企业之间分割，即有正外部性的生产）、成本公摊制度（适用于广义成本受损不可在企业之间分割，即具有负外部性的生产）。

这三种类型的生产制度结构的优劣的比较基准，是企业群体的总体收益大小。无论何种制度，越是能够增加企业群体的总体收益的，越是好的制度。

上述比较，是通过分析制度结构所决定的企业生产规模的均衡点差异实现的。

1. 企业的产出函数（孙绍荣函数）

企业群体的产出收益是单个企业产出收益的总和，因此首先需要构造单个企业的产出函数。

设群体中存在 n 个同质的企业，企业 i 的生产规模为 e_i，企业 i 的产出收益 r_i 与其生产规模 e_i 的关系函数为

$$r_i = r_0 - \frac{r_0}{1+e_i} \tag{9-1}$$

式中，$r_0 \geqslant 0$，$e_i \geqslant 0$，其中 r_0 的意义为企业产出收益的极限最大值，比如，生产产品时的最大生产能力，捕鱼时的最大收获极限，土地面积固定情况下庄稼的最大产量等。

2. 企业群体整体的产出函数

企业群体整体的产出收益 r 是制度下所有企业产出收益的总和，因此企业群体整体的产出函数为

$$r = \sum_{i=1}^{n} r_i = \sum_{i=1}^{n}\left(r_0 - \frac{r_0}{1+e_i} \right) \tag{9-2}$$

3. 企业的成本函数

当存在 n 个企业时，设企业 i 的广义成本 c_i 与生产规模 e_i 的关系为

$$c_i = e_i \tag{9-3}$$

式中，因为 $e_i \geqslant 0$，所以 $c_i \geqslant 0$。

该公式假设广义成本与生产规模成正比，比如，在现实中，劳动中消耗的时间等都是与生产规模成正比的，因此这个公式也有一定的现实基础。

4. 企业群体整体的成本函数

企业群体整体的成本 c 是制度下所有企业成本的总和，因此企业群体整体的成本函数为

$$c = \sum_{i=1}^{n} c_i = \sum_{i=1}^{n} e_i \tag{9-4}$$

5. 企业群体整体的效用函数

设企业群体整体的产出收益全部作为回报分配给这些企业，企业群体整体的成本也全部由该群体自己承担。这样，在全部企业皆为风险中性的情况下，企业群体的效用则为企业群体的产出收益减去该群体的广义成本，因此企业群体整体的效用函数 u 为

$$u = r - c = \sum_{i=1}^{n}\left(r_0 - \frac{r_0}{1+e_i} \right) - \sum_{i=1}^{n} e_i \tag{9-5}$$

6. 企业群体整体效用最大时的企业生产规模

假设企业 i 使企业群体效用最大的企业生产规模为 e_i^*。由企业群体效用函数式（9-5）对企业生产规模 e_i 求偏导，并令其为 0，有

$$\frac{\partial u}{\partial e_i} = \frac{r_0}{(1+e_i)^2} - 1 = 0$$

解得均衡点为

$$e_i^* = \sqrt{r_0} - 1 \qquad\qquad (9\text{-}6)$$

即如果企业 i 的目标是企业群体的效用最大，那么企业的生产规模将会均衡在式（9-6）所决定的水平上。

假设各个企业无差异，在均衡时，群体中各个企业的生产规模都相等，即 $e_i^* = \sqrt{r_0} - 1$ 对所有的 $i \in \{1, 2, \cdots, n\}$ 都成立。

读者在本章及后面（第 9~12 章）将看到，无论何种生产制度，都可以通过企业均衡生产规模与式（9-6）的比较而评价其优劣。只要企业的产出函数符合式（9-1）并且成本函数符合式（9-3），企业行为的生产规模如果偏离了 $e_i^* = \sqrt{r_0} - 1$，无论是偏大还是偏小，群体的总体利益都会受损。同时，因为把群体利益定义为企业利益的总和，并且每个企业的利益都相等，所以群体利益受损也就意味着企业利益其实也是受损的。

9.3　回报与成本双独立制度——无外部性的生产

9.3.1　双独立制度的概念及孙氏图

1. 双独立制度的概念

双独立制度是一种简单而基本的生产制度，其特点是制度下企业群体中的各个企业的产出收益完全由该企业独享，同时他自己的广义成本也完全由该企业完全独自承担。因此，回报独立、成本独立是双独立制度的基本特点。

双独立制度结构模型，主要用于分析无任何外部性的生产活动的分配制度。

2. 双独立制度孙氏图

双独立制度结构模型的孙氏图如图 9-1 所示。

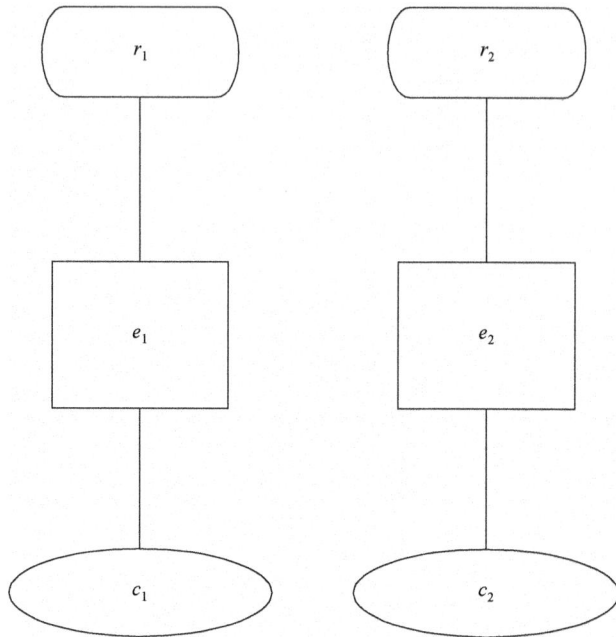

图 9-1　双独立制度结构模型的孙氏图（两个企业时）

　　该图为两个企业的群体的特例。其中，由 e_1 出发的线指向促进器（回报）r_1 的正端，表示企业 1 的生产规模 e_1 的提高，会使 r_1 增大。同样道理，由 e_2 出发的线指向促进器（回报）r_2 的正端，表示企业 2 的生产规模 e_2 的提高，会使 r_2 增大。图中，回报 r_i 只与企业自己的生产规模 e_i 正相关。同样，成本 c_i 也只与企业自己的生产规模 e_i 正相关。由此可以清楚地看出企业 1 与企业 2 之间，无论是成本还是回报都是相互独立的。

9.3.2　双独立制度结构下企业的生产规模的均衡点

1. 企业的回报函数

在双独立制度中，每个企业自己的产出收益就是其独享的回报。

当存在 n 个企业时，设企业 i 所享受的回报 r_i（即其产出收益）与其生产规模 e_i 的关系函数为式（9-1），即

$$r_i = r_0 - \frac{r_0}{1 + e_i}$$

2. 企业的广义成本

当存在 n 个企业时，设企业 i 的广义成本 c_i 与行为的生产规模 e_i 的关系为式（9-3），即

$$c_i = e_i$$

3. 企业的效用函数

当存在 n 个企业时，设企业 i 的效用函数为

$$u_i = r_i - c_i = r_0 - \frac{r_0}{1 + e_i} - e_i \qquad (9\text{-}7)$$

4. 企业的生产规模的均衡点

由效用函数式（9-7）对生产规模求偏导，并令其为 0，有

$$\frac{\partial r_i}{\partial e_i} = \frac{r_0}{(1 + e_i)^2} - 1 = 0$$

解得均衡点为

$$e_i^* = \sqrt{r_0} - 1$$

该均衡点与企业群体最优时企业生产规模均衡点（式（9-6））相同。这就是说，双独立制度下企业的自发均衡点是企业群体整体利益最优，不存在任何偏离。

上述的企业生产规模的均衡点，就是在双独立制度下企业生产规模的自发稳定点。这就是说，双独立制度下的每个企业生产规模的自发稳定点，都是使企业群体整体利益最优的生产规模。因此，双独立制度是一种最有效的市场制度，它不需要任何其他的额外的管理手段，就可以使全部企业都自发地实现使全社会收益最大的生产规模。

9.3.3　双独立制度是最优的生产制度但适用范围有限

与本章 9.4 节的回报共享制度及第 11 章的成本公摊制度相比，双独立制度下企业的生产规模均衡点对于全社会来说是最优的。因此，双独立制度是一种最有效率的生产制度。

但是，双独立制度对企业生产的产出与成本的性质要求比较严格，即不能有任何的外部性。因此，管理实践中，不是在任何情况下都能使用双独立制度。

9.4　回报共享制度——有正外部性的生产

9.4.1　回报共享制度的概念及孙氏图

1. 回报共享制度的概念

回报共享制度也是一种基本的生产制度，其特点是把企业群体中的各个企业的产出带来的收益的总和按企业数量平均后作为每个企业的回报，即企业群体产出的收益是由各个成员企业"平均共享的"。但每个企业的广义成本却是各自独立承担的。因此，"回报共享、成本独立"是回报共享制度的基本特征。

回报共享制度结构模型，主要适用于分析有正外部性的生产活动的产出分配制度。

这是因为企业的产出有外部性，所以无法在企业之间清晰地分割产出带来的收益（即回报）。因此在回报分配上只能把所有企业的产出收益求其总和后，再作为回报平均分配给各个企业，由此就形成了回报共享制度结构模型。

2. 回报共享制度的孙氏图

回报共享制度结构模型的孙氏图如图 9-2 所示。

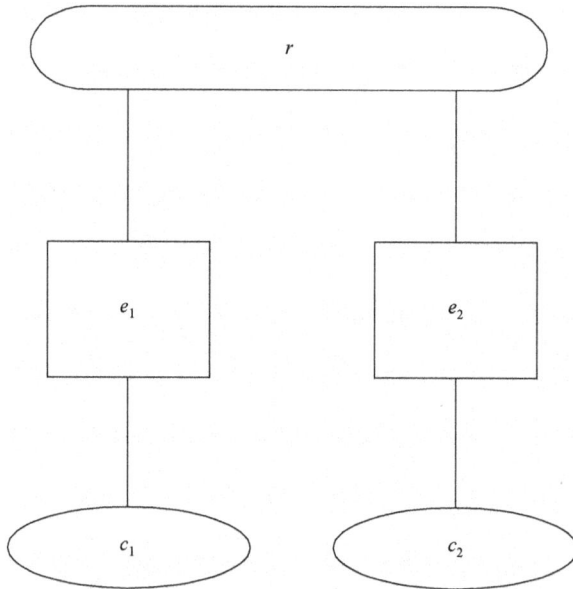

图 9-2　回报共享制度结构模型的孙氏图（两个企业时）

图中，由 e_1 出发的线、由 e_2 出发的线共同指向促进器（回报）r 的正端，表示企业 1 的生产规模 e_1 的提高，会使 r 增大；企业 2 的生产规模 e_2 的提高，也会使 r 变大，而且这个 r 是企业 1 与企业 2 共同享受的。这就是说，即使企业 i 完全不努力，只要其他企业努力，则企业 i 也仍然能够享受到一定的收益。

9.4.2　回报共享制度下的企业生产规模均衡点

1. 企业的回报

在回报共享制度中，各个企业具有共享的回报，即各企业所享受的回报是企业群体的总产出收益按企业数量进行平均后的平均值。

设企业 j 的产出收益符合式（9-1），即

$$r_j = r_0 - \frac{r_0}{1+e_j}$$

当存在 n 个企业时，企业群体的产出收益为

$$r = \sum_{j=1}^{n} r_j = \sum_{j=1}^{n} \left(r_0 - \frac{r_0}{1+e_j} \right)$$

在回报共享制度下，每个企业所享受的回报都是企业群体的总产出收益按企业数量平均后得到的平均值，因此，企业 i 所享受的回报 r_i（注意在回报共享制度下，企业 i 所享受的回报 r_i 与自己企业产出收益 r_i 不一定相等）与各个企业的生产规模的关系函数为

$$r_i = \frac{1}{n} \sum_{j=1}^{n} \left(r_0 - \frac{r_0}{1+e_j} \right) \tag{9-8}$$

式中，$r_0 \geqslant 0$，$e_j \geqslant 0$，$j = \{1, 2, \cdots, n\}$，其中 r_0 的意义为回报的极限最大值。

2. 企业的广义成本

设企业 i 的广义成本 c_i 与其生产规模 e_i 的关系为式（9-3），即

$$c_i = e_i$$

3. 企业的效用函数

回报共享制度下的企业 i 的效用函数为

$$u_i = r_i - c_i = \frac{1}{n} \sum_{j=1}^{n} \left(r_0 - \frac{r_0}{1+e_j} \right) - e_i \tag{9-9}$$

4. 企业的生产规模的均衡点

由效用函数式（9-9）对生产规模 e_i 求偏导，并令其为 0，有

$$\frac{\partial u_i}{\partial e_i} = \frac{r_0}{n(1+e_i)^2} - 1 = 0$$

解得企业 i 的生产规模的均衡点为

$$e^*_i = \sqrt{\frac{r_0}{n}} - 1 \tag{9-10}$$

即如果企业 i 对其生产规模的决策为完全理性的，那么其生产规模将会稳定在式（9-10）所决定的水平上。

9.4.3　回报共享制度的特点——企业生产规模偏低

1. 生产规模低于双独立制度

与使企业群体收益最大的最优生产规模同时也是双独立制度的生产规模均衡点 $e^*_i = \sqrt{r_0} - 1$ 相比，可以发现回报共享制度的均衡点 $e^*_i = \sqrt{\frac{r_0}{n}} - 1$ 表示的生产规模更低一些，因为 $n \geq 1$。因为双独立制度下企业群体收益是最优的，所以回报共享制度下企业群体收益是偏低的。

2. 企业群体中企业数量越多则各企业的生产规模越低

观察回报共享制度下的生产规模均衡点 $e^*_i = \sqrt{\frac{r_0}{n}} - 1$，可以看出，企业群体中企业数量越多，企业的生产规模越低。特别地，当 $n=1$ 时，回报共享制度下的均衡点与双独立制度下的均衡点具有相同的生产规模。

9.4.4　回报共享制度下的提高生产规模的办法——企业的兼并重组

因为企业产出的外部性，所以在管理实践中常常不得不使用回报共享制度。在这样的情况下，能够提高企业的生产规模的办法，就是尽可能减少企业群体中的企业数量。

而企业之间的兼并重组是在保证其生产能力下减少企业群体中的企业数量的有效办法。

　　由此，回报共享制度模型分析得出一个重要结论：在一些公共设施建设等具有较强外部性的生产领域，如果政府不加以干预，单纯依靠市场的自发调节，常常导致供给偏少。在不想过多地依靠政府干预市场的情况下（因为政府干预市场会减少企业活力，破坏公平竞争，具有很大的副作用），一个可取的办法是大力推动企业之间的兼并重组，即减少企业群体中的企业数量。这是依靠市场自发力量加大供给的有效方法。

第10章 正外部性的生产制度的结构改进设计
——补贴的意义

在本章，主要研究对回报共享制度进行结构改进设计以提高其制度效率。通过本章，读者可以进一步了解生产制度结构对企业的生产规模均衡点的影响。

在管理实践中，之所以不得不采用回报共享制度，主要是因为企业产出的外部性导致无法对产出带来的收益清晰地分割，从而无法有区别地对产出较多的企业给予较多的回报，只能对每个企业都给予平均性的回报。但是，回报共享制度下仍然存在可分割的因素，即企业的生产成本在各企业之间是相互独立的，而且企业产出越多则其消耗的成本也越高，这意味着企业的生产成本可以作为对产出较多的企业给予较多的回报的依据。

因此，为了治理回报共享制度下企业的生产规模偏低的问题，可以据此对回报共享制度进行改进，即在回报共享制度中对企业的生产活动的成本附加成本补贴（实际上是对其生产活动的一种回报），从而促使企业提高其生产规模。

10.1 具有成本补贴的回报共享制度的概念及孙氏图

1. 具有成本补贴的回报共享制度的特点

具有成本补贴的回报共享制度，是为了提高企业生产规模而设计的改进型制度，主要特点是：除了回报共享、成本独立等回报共享制度的特征，还根据企业的成本消耗给予企业一定的"成本补贴"，因为企业的成本是独立的，所以成本消耗直接与企业生产规模正相关，这等于"成本补贴"与企业的生产规模正相关。这样，"成本补贴"就在实际上成为企业提高生产规模的一个"回报"。因此这种补贴能够起到促使企业提高生产规模的作用。可以想象，具有成本补贴的回报共享制度下的企业生产规模，一定会比单纯的回报共享制度下的企业生产规模要高。

需要指出的是，"成本补贴"的存在并不一定意味着管理成本的上升，因为可以在群体产出带来的收益中扣除一部分收益作为"成本补贴"。在具有成本补贴的回报共享制度中，按每个企业享受的回报会少一些，这些减少的份额，就转移到与生产成本消耗相关的补贴上去了。

2. 具有成本补贴的回报共享制度孙氏图

具有成本补贴的回报共享制度的孙氏图如图 10-1 所示。其中，r_{si} 为针对企业 i 的成本补贴。

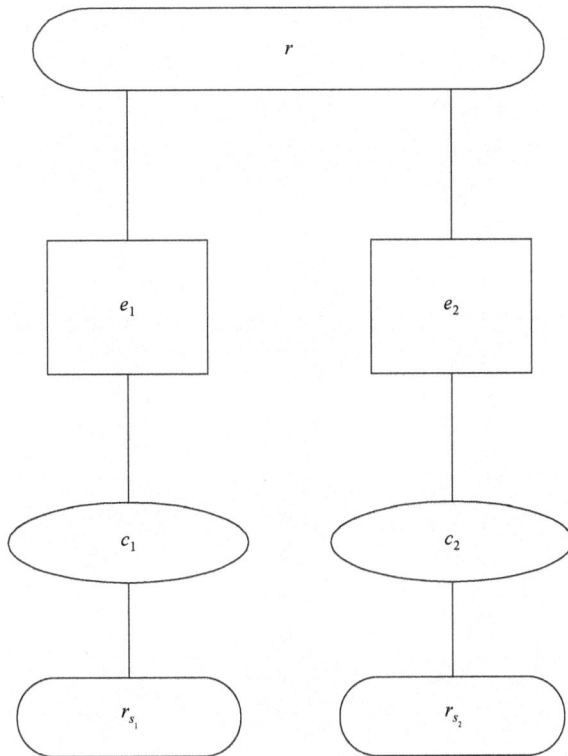

图 10-1　具有成本补贴的回报共享制度的孙氏图（两个企业时）

10.2　具有成本补贴的回报共享制度下企业的生产规模的均衡点

1. 企业的生产成本

设企业 i 的生产成本与企业生产规模的关系仍然为式（9-3），即

$$c_i = e_i$$

2. 生产成本补贴

生产成本补贴可以采用生产成本的各种函数形式，为了简化，本书假设对企业 i 的生产成本补贴 r_{si} 为生产成本 c_i 的线性函数，则

$$r_{si} = kc_i = ke_i \tag{10-1}$$

3. 企业的回报

在具有成本补贴的回报共享制度中，企业 i 所享受的回报 r_i 为群体产出带来的收益减去对各个企业的补贴总和后的剩余按企业数量的平均值，因此，企业 i 所享受的回报 r_i 与全部企业的生产规模的关系函数为

$$r_i = \frac{1}{n}\sum_{j=1}^{n}\left(r_0 - \frac{r_0}{1+e_j} - r_{sj}\right) = \frac{1}{n}\sum_{j=1}^{n}\left(r_0 - \frac{r_0}{1+e_j} - ke_j\right) \tag{10-2}$$

4. 企业的效用函数

具有成本补贴的回报共享制度下的企业 i 的效用函数为

$$u_i = r_i - c_i = \frac{1}{n}\sum_{j=1}^{n}\left(r_0 - \frac{r_0}{1+e_j} - ke_j\right) - e_i + ke_i \tag{10-3}$$

5. 企业生产规模的均衡点

由效用函数式（10-3）对企业 i 的生产规模 e_i 求偏导，并令其为 0，有

$$\frac{\partial u_i}{\partial e_i} = \frac{r_0}{n(1+e_i)^2} - \frac{k}{n} + k - 1 = \frac{r_0}{n(1+e_i)^2} + \left(1-\frac{1}{n}\right)k - 1 = 0$$

解得企业 i 的生产规模 e_i 的均衡点为

$$e_i^* = \sqrt{\frac{r_0}{n-(n-1)k}} - 1 \tag{10-4}$$

由式（10-4）可知，由于 $r_0 > 0$，k 必须满足条件：$n-(n-1)k > 0$，即 $\frac{n}{(n-1)} > k$，同时由补贴的意义知 $k > 0$，$\frac{n}{(n-1)} > k > 0$。

比较式（10-4）与式（9-10），$n > n-(n-1)k$，因此：

$$\sqrt{\frac{r_0}{n-(n-1)k}} - 1 > \sqrt{\frac{r_0}{n}} - 1$$

即具有成本补贴的回报共享制度下的企业生产规模要高于单纯的回报共享制度下的企业生产规模。

实际上，只要群体的产出效率充分高，即产出与消耗的成本之比充分大，制度设计者总可以调节 k，使得 $n-(n-1)k=1$，即 $k=1$，也就是对生产成本实行完全的补贴，这时：

$$\sqrt{\frac{r_0}{n-(n-1)k}}-1=\sqrt{\frac{r_0}{n-(n-1)}}-1=\sqrt{r_0}-1$$

即具有成本补贴的回报共享制度下的企业生产规模均衡点与使群体收益最大的生产规模均衡点（式（9-6））完全一样了。

10.3　补贴的意义

通过本章的研究可以发现，管理实践中的补贴政策，不是在任何领域都应当采用的。只有产出具有较强的公共性和正外部性的生产领域，才应当施以补贴政策以提供其供给水平。

第11章 制度的结构分析——负外部性的生产制度

第9章提出了正外部性的生产制度结构模型，而本章则提出负外部性的生产制度结构模型，并且在该模型下分析企业生产规模均衡点的特点。

11.1 成本公摊制度的概念及孙氏图

11.1.1 成本公摊制度的概念

成本公摊制度也是一种基本的生产制度，其特点是广义生产成本在企业之间不可分割，只能在企业群体中由各个企业"平均公摊"，但每个企业的产出收益却完全是由自己企业独自享受的。因此，"回报独立、成本公摊"是成本公摊制度的基本特征。

成本公摊制度结构模型，主要适用于分析有负外部性的生产活动的分配制度。这种负外部性，主要是一些广义生产成本无法按企业个体分割而产生的。

具有负外部性的生产活动在现实中很普遍。比如，生产过程对环境有污染，产品的收益归企业，但对环境的污染（广义生产成本）却由当地所有的企业甚至居民来承受；运输公司的营业收入归本公司，但对道路的占用导致的拥挤（广义生产成本）却要所有出行者来承受；渔业企业在海洋中捕鱼，因为鱼群可以在各海区之间流动，所以众多渔业企业对资源的消耗（广义生产成本）是无法按企业个体分割的，但每个渔业企业的回报（即捕到的鱼）却是该企业独享的。

11.1.2 成本公摊制度结构模型的孙氏图

成本公摊制度结构模型的孙氏图如图 11-1 所示。

图中，由 e_1 出发的线和由 e_2 出发的线共同指向成本 c 的正端，表示企业 1 的生产规模 e_1 的提高，会使 c 增大；企业 2 的生产规模 e_2 的提高，也会使 c 增大，而且这个成本 c 是企业 1 与企业 2 共同分摊的。这就是说，即使企业 i 完

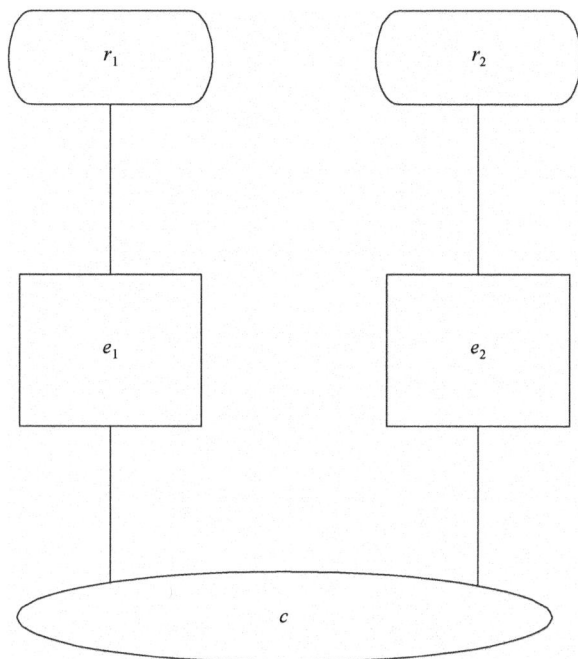

图 11-1　成本公摊制度结构模型的孙氏图（两个企业时）

全没有生产行为，如果其他企业存在生产行为，则企业 i 也仍然必须承受一定的成本支出。

11.2　成本公摊制度下企业生产规模的均衡点

1. 企业的回报

在成本公摊制度中，各个企业具有相互独立的回报，因此，与双独立制度相同，企业 i 的产出 r_i 与其生产规模 e_i 的关系函数为

$$r_i = r_0 - \frac{r_0}{1 + e_i}$$

2. 企业的广义成本

企业的广义成本为各个企业的广义成本之和的按企业数量的算术平均值。这样，设企业 i 的广义成本与企业群体的总生产规模的关系为

$$c_i = \frac{1}{n} \sum_{j=1}^{n} e_j \tag{11-1}$$

式中，$e_j \geq 0$，$j = \{1, 2, \cdots, n\}$。

3. 企业的效用函数

成本公摊制度下的企业 i 的效用函数为

$$u_i = r_i - c_i = r_0 - \frac{r_0}{1 + e_i} - \frac{1}{n} \sum_{j=1}^{n} e_j \qquad (11\text{-}2)$$

4. 生产规模的均衡点

由效用函数式（11-2）对生产规模 e_i 求偏导，并令其为 0，有

$$\frac{\partial u_i}{\partial e_i} = \frac{r_0}{(1 + e_i)^2} - \frac{1}{n} = 0$$

解得企业 i 的生产规模 e_i 的均衡点为

$$e_i^* = \sqrt{n r_0} - 1 \qquad (11\text{-}3)$$

即如果企业 i 的决策者为完全理性的，那么该企业的生产规模 e_i 将会均衡在式（11-3）所决定的水平上。

11.3 成本公摊制度的特点——企业生产规模偏大

11.3.1 成本公摊制度下的生产规模比双独立制度下的生产规模偏大

与使企业群体收益最大的最优生产规模和双独立制度的生产规模均衡点 $e_i^* = \sqrt{r_0} - 1$ 相比，可以发现成本公摊制度下企业生产规模的均衡点 $e_i^* = \sqrt{n r_0} - 1$ 偏高，因为 $n \geq 1$。因为双独立制度下群体收益与企业效用都是最优的，这意味着在成本公摊制度下，企业生产规模偏离了最优点（偏大），所以成本公摊制度下企业群体收益是偏低的。

这里，必须明确一下"生产规模偏大"的含义。在生产活动中，生产规模的扩大，意味对资源的消耗速度变大或者对环境的污染的加速。"成本公摊"意味着生产资源是公有的，环境是公共的。比如，海洋中鱼是公有的，森林中的树是公有的，牧民的草地是公有的，水资源是公共的等。"成本公摊"制度下的回报是独立的，意味着生产活动的产出收益是企业独自享受的，比如，捕到的鱼归个人，在森林中砍伐的木材归个人，牧民放牧养羊生产的羊毛归个人等。

这样，在成本公摊制度下，企业生产规模偏大，意味着对资源的过度消耗，

意味着对环境的过度破坏，从而使所有企业的生产效率降低。比如，过频的出海捕捞使海洋中鱼的数量大为减少，从而使每次出海的收获降低；过多的砍伐使森林中的树木大为减少，从而导致砍伐生产的效率很低；牧民因草地公有而过度放牧，从而导致草地枯竭使放牧的效益下降等。

上述结论说明了在市场自发调节机制下，当生产活动有负外部性时，会导致企业的自发稳定的生产规模偏大，导致资源过度消耗和环境的过度破坏，从而使企业群体的总体收益甚至全社会的收益降低。

11.3.2　群体中企业数量越多生产规模偏高得越严重

观察成本公摊制度下的企业生产规模均衡点式（11-3）可以看出，群体中企业数量越多，企业的生产规模均衡点越偏高于最优点。特别地，群体中的企业数量减少到极限时，即当 $n=1$ 时，回报共享制度下的均衡点与双独立制度下的均衡点具有相同的生产规模。当 $n \to \infty$ 时，回报共享制度下的均衡点 $e_i^* \to \infty$，可以理解为人们会把生产资源都消耗殆尽，企业回报为 0。

11.3.3　成本公摊制度的适用范围

从保护资源的角度看，成本公摊制度显然不如双独立制度优越。但是在管理实践中，常常出现广义生产成本无法按企业分割的情况，这时就会造成事实上的成本公摊制度。比如，对野生中草药的采摘，就成为事实上的成本公摊制度。在这种情况下，如果对成本公摊制度不能加以改进（第 12 章将分析如何改进成本公摊制度），就会导致野生中草药越来越少，采摘的效益也就越来越差。中国的名贵中药冬虫夏草的枯竭情况就是一个有力的证明。

11.4　成本公摊制度下的降低生产规模均衡点的办法——关停并转小企业以减少企业数量

在具有负外部性的生产领域，不管人们愿意与否，都会造成"事实上的成本公摊制度"。即使在这样的情况下，仍然能够采取一些办法，来降低各个企业的生产规模，使其向企业群体最优的均衡点靠近。

根据成本公摊制度下的企业生产规模均衡点式（11-3），企业群体中企业数量越多则生产规模越高。因此，在可能的情况下，应当尽可能地使企业群体中的企业数量变得少一些，这样就可以使企业的生产规模的自发均衡点向企业群体效益最优均衡点的方向接近一些。

由此，成本公摊制度模型的分析得出一个重要结论：在一些高度消耗公共资源和污染公共环境的生产领域，市场机制具有导致供给偏多的自发力量。这时，如果想依靠市场机制的力量来治理这个问题，就应当对大量的小造纸厂、小化肥厂、小水泥厂、小砖厂等进行大力的关停并转，形成少量的"大企业"，从而有效地减少企业群体中的企业数量，进而降低各企业的生产规模的均衡点。这是依靠市场自发力量减少供给的有效方法。

需要注意的是，本章的"生产规模偏大"是指在企业数量给定的情况下各个企业的生产规模偏大于最优点。如果是群体中企业数量不同，那么其生产规模最优点也不同。比如，当企业数量较少时，各个企业（注意本章对这些企业的同质性假设）生产规模的"最优点"会比企业数量较多时的各个企业生产规模"最优点"大。

第12章 负外部性的生产制度的结构改进设计
——税收的意义

成本公摊制度的产生，主要是在管理实践中存在广义生产成本无法按企业分割的情况。但成本公摊制度下也有可观测的因素，即企业的产出收益是相互独立的，因此企业的产出有较好的可观测性。这样，可以对成本公摊制度进行改进，即在成本公摊制度中附加上对企业产出的税收，以此来降低企业的生产规模从而降低对资源的消耗和对环境的污染，使其均衡点向企业群体收益最大的方向靠近。

12.1 具有税收的成本公摊制度的概念及孙氏图

1. 具有税收的成本公摊制度的特点

具有税收的成本公摊制度是为了降低企业的生产规模从而降低对资源的消耗和对环境的污染，使其均衡点向群体收益最大的方向靠近的改进型制度。

该制度除了具有"回报独立、成本公摊"的特征外，还针对企业的回报对该企业征收一定的"税"，该"税"一般以企业的回报为基数按比例征收。因为企业的回报是独立的，所以每个企业的产出只与自己的生产规模正相关，这样对每个企业征收的"税"就直接与企业自己的生产规模正相关。由此，"税"就在实际上成为企业提高生产规模的一个"负回报"或者说是"惩罚"。因此税收能够对企业起到降低其生产规模的作用。可以想象，具有税收的成本公摊制度下的生产规模一定会比单纯的成本公摊制度下的生产规模要低。

2. 具有税收的成本公摊制度模型的孙氏图

具有税收的成本公摊制度模型的孙氏图如图12-1所示。其中，s_{t_i}为针对企业i的税收。

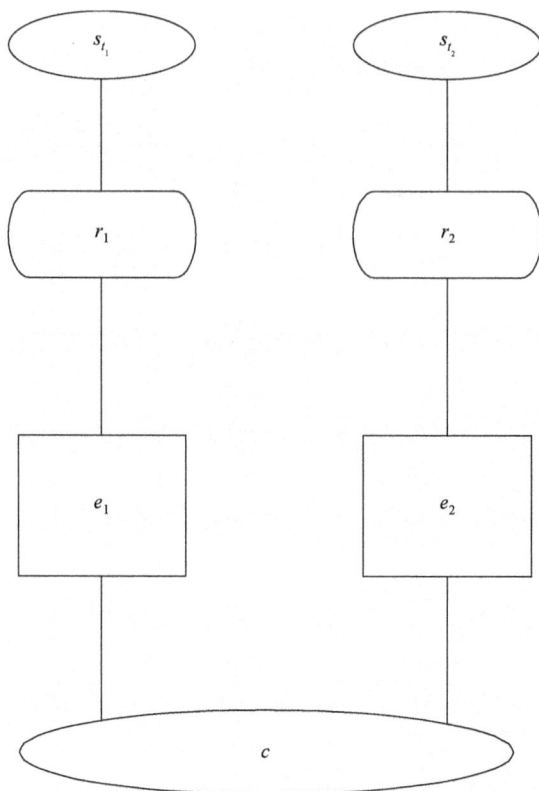

图 12-1　具有税收的成本公摊制度模型的孙氏图（两个企业时）

12.2　均衡模型与生产规模的均衡点

1. 针对企业产出的税收

税收可以采用企业产出的各种函数形式，为了简化，假设税收为企业产出的线性函数，即

$$s_{t_i} = hr_i' \tag{12-1}$$

式中，$r_i' \geqslant 0$，为企业 i 的产出，$i = \{1, 2, \cdots, n\}$，$1 > h > 0$，h 为税率。

而企业 i 的产出函数则采用式（9-1）的形式：

$$r_i' = r_0 - \frac{r_0}{1 + e_i}$$

2. 企业的回报

在具有税收的成本公摊制度中，企业 i 所享受的回报为企业产出减去税收额，

因此企业 i 所享受的回报 r_i 与行为生产规模 e_i 的关系函数为

$$r_i = r_i' - hr_i' = (1-h)r_i' = (1-h)\left(r_0 - \frac{r_0}{1+e_i}\right) \qquad (12\text{-}2)$$

式中，$r_0 \geqslant 0$，$e_i \geqslant 0$，$i = \{1, 2, \cdots, n\}$，其中 r_0 的意义为产出的极限最大值。

3. 企业的广义生产成本

因为具有税收的成本公摊制度在本质上仍然是成本公摊制度，所以企业 i 的广义生产成本函数仍然为

$$c_i = \frac{1}{n}\sum_{j=1}^{n} e_j$$

式中，$e_j \geqslant 0$，$j = \{1, 2, \cdots, n\}$。

4. 企业的行为效用函数

具有税收的成本公摊制度下的企业 i 的效用函数为

$$u_i = r_i - c_i = (1-h)\left(r_0 - \frac{r_0}{1+e_i}\right) - \frac{1}{n}\sum_{j=1}^{n} e_j \qquad (12\text{-}3)$$

5. 生产规模的均衡点

由效用函数式（12-3）对生产规模 e_i 求偏导，并令其为 0，有

$$\frac{\partial u_i}{\partial e_i} = \frac{r_0(1-h)}{(1+e_i)^2} - \frac{1}{n} = 0$$

解得企业 i 的生产规模 e_i 的均衡点为

$$e_i^* = \sqrt{nr_0(1-h)} - 1 \qquad (12\text{-}4)$$

即如果企业的决策者为完全理性的，那么他会把生产规模稳定在均衡点式（12-4）所决定的水平上。

比较式（12-4）与式（11-3），$1 > h > 0$，$1 > 1-h > 0$，因此：

$$\sqrt{nr_0} - 1 > \sqrt{nr_0(1-h)} - 1$$

即在企业的生产规模达到均衡时，具有税收的成本公摊制度下的企业生产规模要低于单纯的成本公摊制度下的企业生产规模。

实际上，制度设计者总可以调节税率 h，使得 $1 - h = \dfrac{1}{n}$，这时，具有税收的成本公摊制度下的企业生产规模均衡点为

$$e_i^* = \sqrt{nr_0(1-h)} - 1 = \sqrt{nr_0 \times \frac{1}{n}} - 1 = \sqrt{r_0} - 1$$

即这时具有税收的成本公摊制度的企业的生产规模均衡点，与使企业群体收益最大的企业的生产规模均衡点（式（9-6））完全一样了。

此外，由使具有税收的成本公摊制度下的企业生产规模均衡点与企业群体收益最大的均衡点相一致的条件 $1-h=\frac{1}{n}$ 可以看出，如果要使二者一致，企业群体中的企业数量越多，即 n 越大，税率 h 也必须越大。特别地，当 $n \to \infty$ 时，税率 $h \to 1$，即几乎所有的企业产出都得上税才行。

12.3　重要结论——对税收的意义的新认识

由上述分析可以看出，税收的意义绝不仅限于传统的经济学教材中所讲述的国民收入再分配，还可以调节生产速度从而保护弱再生性资源（如海洋中的鱼、山中的动物和植物等）不至于枯竭。天然环境对污染等具有一定的自净能力，但如果污染的速度过快，环境的自净能力就会丧失，因此环境其实也是一种弱再生性资源，税收甚至还可以起到保护环境的重要作用。

由此可见，一些高税收国家的良好生态环境的事实之谜，可以用本章的制度原理来合理地解释。

第13章 制度部件设计——用于多任务激励的回报促进器

第 7~12 章主要分析抽象的制度结构对制度效果的影响，这些分析主要属于宏观的原理性的分析。

从本章起，主要研究组织机构内部的制度设计问题，这是一种微观的分析，具有较强的实用性。

本章首先研究用于多任务激励的回报促进器的设计，读者可以针对自己所从事的管理工作，采用本章给出的方法进行相应的回报促进器设计。

13.1 多任务激励的重要意义

在政府机关、企业、事业单位等的管理实践中，对员工实现有效的多任务激励是常见的制度设计任务。

多任务是组织内部常见的情况，在多任务情况下如何公平而有效地激励员工努力工作是一个重要问题。比如，对于一个高等学校来说，需要教师完成的工作有课程教学、指导研究生、发表论文、主持科研项目、获取科技奖励等。在这种情况下，如果张老师发表了 5 篇论文，李老师上了 300 学时课程，王老师指导了 3 个研究生，孙老师取得了一个国家级项目，赵老师获得了一项国家科技进步奖，等等。假如该学校共有 2000 名教师，一年可发放的工资总额是 3.6 亿元，那么如何制定一个既反映学校对教师业绩指标的需求又让所有教师都感觉公平的报酬体系呢？

13.2 多任务行为的特点

一般来说，多任务行为在本质上是多行为，但这种多行为与孙氏图中的行为集概念不同：在孙氏图中，行为集之间的各个行为是非此即彼的关系，即行为集中的各个行为只能发生一个且必定发生一个。

而多任务行为则在各行为之间呈现弱制约关系：各种行为可以同时发生，但因为行为资源的限制（如时间、精力等），所以如果某行为努力程度提高，那么其他行为努力程度就只能降低。

13.3　多任务回报促进器的回报函数设计的特点

在制度工程学中是通过对回报促进器的设计实现对行为的激励的。

回报促进器有两个要素：一个是促进器的回报函数（回报函数规定了回报变量对行为状态的反映规则，即行为变量到回报变量的映射）；另一个是该反映规则的执行者（机构或岗位或设备）。

在回报函数中，行为变量是标识被管理者行为状态（如行为的努力程度）的指标，回报变量是回报大小的指标，回报函数是按一定的映射规则把行为变量与回报变量联系起来，使回报变量随着行为变量而变化。

回报函数的实现则是由回报促进器的执行者（机构或岗位或设备）完成的。

在多任务的情况下，回报函数设计中最重要的环节是行为变量的设计，因为在多任务的情况下，行为变量是由多方面的指标构成的。在这样的情况下，如何构造各种任务的指标的关系，是行为函数是否合理的关键因素。

13.4　多任务回报促进器中的常用回报函数——绩点法

13.4.1　以各任务的绩点之和作为行为变量

对于多任务行为，一种常用的回报函数是绩点法，即把各位员工在不同任务方面的业绩折合成相应的"业绩点"（所谓的业绩点，就是把员工在各种任务方面完成的业绩，按一定的折算标准（即绩点标准）折合成"分数"），然后同一个体的各任务的绩点相加，形成该个体的"个体绩点"。这种个体绩点，就是回报函数中的行为变量。

实行绩点法之前，先要通过调研制定合理的绩点标准，即制定各种任务的基础单元的"分数标准"。

例 13.1　某高校的教师绩点标准

某高校为考核与激励教师努力工作，制定教师绩点标准如表 13-1 所示。

表 13-1　某高校教师绩点标准

任务	等级折算标准	基础分标准	说明
课堂教学	本科生课程与研究生课程分值相同	每 32 学时 2 分	
指导学生	指导 1 名博士研究生 = 指导 2 名硕士研究生 = 指导 4 名本科生	指导 1 名本科生 = 1 分	
编写教材	1 本国家级出版社教材 = 2 本省级出版社教材	每本省级出版社教材 = 3 分	
教学获奖	省级教学成果奖 1 个一等奖 = 2 个二等奖 = 6 个三等奖	1 个三等奖 = 15 分	
教学比赛奖	教学类比赛 1 个一等奖 = 2 个二等奖 = 6 个三等奖 1 项国家级比赛 = 3 项省级比赛 = 6 项厅级比赛	1 项省级比赛三等奖 = 5 分	
国家级科研项目	1 个重点项目 = 3 个一般项目 = 6 个青年项目	1 个青年项目 = 10 分	
科研获奖	省级科技进步奖 省级自然科学奖 省级技术发明奖 1 个一等奖 = 2 个二等奖 = 6 个三等奖	1 个三等奖 = 30 分	
社会科学奖与决策咨询奖	省级社会科学奖 1 个一等奖 = 2 个二等奖 = 6 个三等奖	1 个三等奖 = 20 分	
项目经费	省级纵向项目与横向项目同等计算	100 万元 = 10 分	国家级项目经费不计算经费分值
论文	1 篇国际顶尖刊物（*Science*，*Nature*）= 5 篇 SCI 一区，1 篇 SCI 一区 = 5 篇 SCI = 5 篇国家自然科学基金委 A 类（《中国社会科学》《经济研究》等同于国家自然科学基金委 A 类刊物）= 10 篇核心期刊	1 篇核心期刊 = 1 分	
著作	1 本外文著作 = 1.5 本中文著作，1 本中文著作 = 1.5 本中文编著，主编的书不计分 出版社系数： 1 个国际顶尖出版社（Springer-Verlag, Random House, McGaw-Hill）= 2 个国内国家级出版社 = 4 个国内省级出版社（含大学出版社）	1 本省级出版社出版的中文著作 = 8 分	
咨询报告	1 篇部委级咨询报告 = 6 篇厅级咨询报告 = 12 篇其他咨询报告	1 篇厅级咨询报告 = 3 分	需要有采纳单位书面证明
发明专利	只计算已经授权的发明专利，其他专利一律不计分	1 项发明专利 = 10 分	

注：考核指标作者（责任者）地位计分方法说明：
　　第一作者，按上述计分表的相应分值的 100% 计分；
　　第二作者，按上述计分表的相应分值的 30% 计分；
　　第三作者，按上述计分表的相应分值的 10% 计分

13.4.2　回报函数——以员工的个体绩点在全体员工的总绩点中所占比例来计算员工的回报

比如，在 2016 年，某高校的某教师申请到一个国家级自然科学基金项目，可获得 20 分，在核心期刊上以第一作者发表 3 篇论文得 3 分，还获得 10 万元横向项目，可获得 1 分，同时上了 64 学时的本科生课，得 4 分。这样，他 2016 年的个体绩点为 28 分。

该高校 2016 年的工资总额为 3600 万元，全校所有教师的绩点总数为 5040 分，则每个绩点的价值为

$$\frac{3600}{5040} \approx 0.714 (万元)$$

这样，该教师 2016 年的工资为

$$0.714 \times 28 \approx 20 (万元)$$

13.4.3　设计绩点标准要注意类型补偿

在设计绩点标准时，需要重视对不同类型的员工的公平问题，即对某一任务指标确定一定的"单位分数"标准之后，经常会出现有些类型的员工完成这一任务比较容易，而另一些员工完成这一任务则比较困难。在这种情况下，如果不采用类型补偿措施，就会引起严重的不公平问题，影响激励效果。

所谓的类型补偿，是指在多任务时，如果发现不同类型的员工在某任务方面"难度不一"，就在制定各种任务的"单位分数"时，尽可能使各种类型的员工在完成各任务的分数时"各有难易"，从而做到相对公平，即如果甲类型的员工比较容易获得 A 任务的分数，那么就让乙类型的员工比较容易获得 B 任务的分数。这样，各类型的员工在计算其绩效总分数时就显得公平。

比如，在对高校教师的科研工作业绩进行考核时，通常有"科研经费"这一指标。但不同学科的教师在完成这个指标方面难度不同：工科的教师比较容易取得很大数额的科研经费，但文科的教师取得的科研经费数额通常很小。这样，如果只用这一个指标来考核教师的科研工作业绩，就显得非常不公平。为此，要再设计一个指标即"论文数量"，而文科教师通常比工科教师发表的论文数量多，这样，"论文数量"就对"科研经费"形成了类型补偿的作用，使不同学科的教师在考核时显得公平一些。

13.5 多任务回报促进器中的另一种常用回报函数 ——门槛绩点法

在多任务的情况下，不同任务的业绩，常常具有不同的可计量性，即对于不同的任务来说，一些任务的完成情况比较容易细致地测量（如论文数量），而另一些任务，则只能粗略地测量。比如，高校教师的"师德"，能够明确判断的只有"违反师德"和"没有违反师德"这两个状态。在这种情况下，就无法采用对每个任务都进行细致计量的"绩点法"。这时，门槛绩点法就是一种比较实用的方法。

门槛绩点法就是对只能粗略测量的任务设置"门槛"，同时对可以细致测量的任务，仍然采用"绩点法"，即若有作为"门槛"的任务没有完成（也就是"没过门槛"），则"一票否决"，其他任务任凭多少绩点也失去意义；若"门槛"过了，则再按"绩点"来计算业绩。

比如，对于高校教师的考核，通常以"师德"作为门槛，以"论文数量""课时数量""科研项目经费数量"等作为绩点，对师德考核合格的教师，以绩点数为作"年底奖金"的发放依据。而对于师德考核不合格的教师，则不再计算绩点，"年底奖金"为零。

在门槛绩点法中，被选做"门槛"的任务，通常是难以详细观测但同时又比较重要的任务。对于"通过了门槛考核"的员工，其回报仍然是以该员工的个体绩点在全体员工的总绩点中所占比例来计算的，但对于"没有通过门槛考核"的员工，其回报为零。

13.6 多任务回报促进器的执行者设计

1. 执行者的内部结构——分级结构

多任务要求促进器的执行者在各任务方面都有观测能力与判断能力，同时还需要具有对回报函数的执行能力。在这种情况下，单一的机构或者岗位很难胜任其执行者的任务。因此，通常采用分级结构的执行者。

比如，对于高校的教师激励使用绩点法作为回报函数的促进器，其执行者一般分为两个层次的岗位及其人员。

第一层为计算与核实基础数据的岗位的人员，这些岗位的人员按照所负责的计算与核实的任务绩点分为不同的"口子"：计算与核实教师的课堂教学时数的教务工作人员，计算与核实教师论文层次与数量、科研获奖的层次与次数、项目经费到款数量的科技处的不同分工的工作人员，计算与核实教师指导研究生的数量与质量的研究生院的工作人员等。

第二层为汇总与计算个体绩点的岗位的人员，这个岗位的人员把各"口子"上报的绩点进行汇总形成每位教师的"个体绩点"，然后再根据每位教师的个体绩点，按照一定的计算规则，兑现"回报"，即发放资金或者工资。

一般由各学院的从事人事工作的人员来汇总本学院的各位教师的各方面任务的绩点，形成每位教师的个体绩点，然后再将每位教师的个体绩点报人事处，人事处的工作人员根据各学院上报过来的每位教师的个体绩点，按照一定的计算规则，发放其奖金或者工资。

2. 执行者中的人员素质与设备要求

对于促进器中的人员素质要求，与行为变量的内容有关。比如，对于上例中的高校教师的多任务促进器来说，其执行者中的人员素质，一般要求具有本科以上学历，以便能够对科技成果和教学工作进行准确的判断与鉴别，还要熟悉 Excel 等办公软件，以便能够使用计算机高效率地工作。

对于设备，一般要求配备良好的台式计算机及办公软件，从而提高工作效率。

3. 执行者规模

决定执行者规模的是激励对象的规模。激励对象的规模越大，则执行者的规模也相应地越大。比如，对于高校来说，执行者规模要求一般是：每 200 名教师需要配备 1 名专职人员和 1 台台式计算机用于收集、核实、输入教师的业绩数据；每 1000 名教师需配备 1 名专职人员和 1 台台式计算机用于对报上来的数据进行计算，确定奖金的发放表格；每 1000 名教师需配备 2 名专职人员和 2 台台式计算机用于根据奖金发放表格把奖金落实到教师的工资卡中。

第14章 制度参数设计——基本步骤与方法

14.1 制度参数设计的概念与特点

1. 制度参数设计的概念

制度参数设计解决的是现有的某具体行为管理制度的失效问题。与制度的宏观结构分析相比，制度参数设计属于微观层次的设计，主要解决被管理者的行为失控问题。当某种制度下被管理者的行为偏离管理目标的要求时，就需要运用制度参数设计对该制度进行改进，直到制度效果令人满意。

2. 制度参数设计的特点

制度参数设计的目标，一般是通过部件性能的提高，改进被管理者行为集中的各行为的效用，从而提高提倡行为的效用，减少不良行为的效用，由此使被管理者能够自发地优先选择提倡行为，放弃不良行为，从而提高管理制度的效果。

制度参数设计所关注和改进的内容，主要是改进相关制度部件的性能，即改进制度部件中的规则与执行者，其中较为常见的是改善执行者中的人与设备。当然，有时也会对制度的结构进行调整。

因此，科学实用、讲求实效是制度参数设计的要求。

14.2 制度参数设计的基本步骤

制度参数设计主要包括以下五个基本步骤。

1. 绘制环节流程图

环节流程图是管理制度的各个功能环节及其相互关系组成的结构图。需要注意的是，环节流程图不是孙氏图，而是一种工作流程的结构。

图 14-1 是一个某地区的事业单位招聘新员工的环节流程图。

在环节流程图中，方形的框表示一个单纯的工作环节，菱形的框表示具有筛选功能的环节，各环节都可以对其内容和要求进行说明，这种说明用下部为曲边的框表示。

为了后续分析时方便，需要对各功能环节进行编号。编号以"T"加上该环节在环节流程图中的顺序号组成，如图 14-1 中的"T_1""T_5"等。

2. 确定环节流程中的问题环节

在环节流程图中，根据对制度运行情况的调查，确定哪些制度环节存在问题，从而需要进一步分析与改进。比如，在图 14-1 表示的环节流程中，T_3、T_6、T_9 为问题环节。这是因为通过调查，发现在 T_3（组织报名）环节中，存在考生填报虚假信息的情况（如学历等应聘资格不实等）和工作人员为自己的关系人"量体裁衣"地制定具有指向性的应聘条件的情况；在 T_6（笔试）环节中，存在考试作弊的情况；在 T_9（组织面试）环节中，存在"打招呼"等拉关系导致对应聘者评价不公的情况。

确定问题环节之后，就需要对这些问题环节进行展开分析。

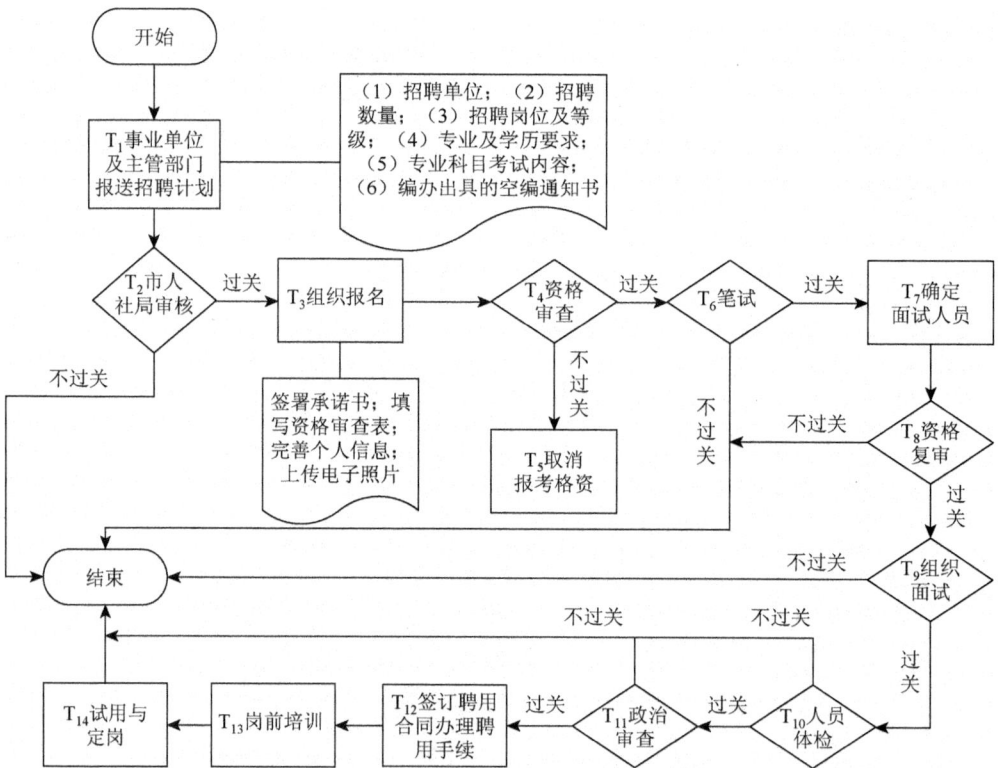

图 14-1 某地区的事业单位招聘新员工的环节流程图

3. 制定问题环节的问题主体分析表

在确定了问题环节后，需要制定问题环节的问题主体分析表。

所谓的问题主体，就是造成这种问题（即不良行为）的行为主体（一般是特定的群体）。作为一个例子，上述事业单位招聘流程的问题主体分析表见表 14-1。

表 14-1　某地区事业单位招聘流程的问题主体分析表

问题编号	问题描述	问题主体	发生问题的原因或条件（效用、资源、机会）描述
T_3I_1	虚报个人信息	应聘者 T_3R_1	信息系统不完善，管理者与应聘者信息不对称
T_3I_2	面向关系人量体裁衣	工作人员 T_3R_2	上级审查失职，举报制度无效果
T_6I_1	抄袭作弊	应聘者 T_6R_1	监考不力
T_6I_2	利用信号接收设备作弊	应聘者 T_6R_1	考场电子信号屏蔽不力
T_6I_3	代考作弊	应聘者 T_6R_1	入场检测精准度不高
T_6I_4	泄露试题	工作人员 T_6R_2	试题管理制度失效
T_9I_1	贿赂面试官	应聘者 T_9R_1	行贿行为惩罚制度失效
T_9I_2	照顾应聘者	面试官 T_9R_2	受贿行为惩罚制度失效

问题主体分析表的作用如下。

描述每个环节共有多少个"问题"，对这些问题进行编号，比如，在表 14-1 中，T_3I_1 表示在环节 T_3 中的第 1 个问题，T_3I_2 表示在环节 T_3 中的第 2 个问题。

对问题进行简单的说明，即问题描述，比如，问题"T_3I_1"是"虚报个人信息"，包括伪造个人经历、学历等，问题"T_3I_2"是"面向关系人量体裁衣"，如在制定招聘条件时，故意制定对自己的关系人有利的条件，比如，提出要求具有自己关系人特有的经历或者证书或者来源地域等一类的条件。

如果同一环节涉及多个行为主体，则需要在该表中针对这些行为主体进行编号，并且指明造成该问题的是哪个行为主体（这是因为问题是由特定行为主体的不良行为造成的）。比如，表中的"应聘者 T_3R_1"，表示在"T_3"这个环节流程中，造成这个不良行为（虚报个人信息）的行为主体是"R_1"，即"应聘者"。而"工作人员 T_6R_2"，表示在"T_6"这个环节流程中，造成这个不良行为（泄露试题）的是"R_2"，即"工作人员"。

在表 14-1 中，栏目"发生问题的原因或条件描述"是非常重要的。在这个栏目中，需要根据行为的三个条件（效用、资源、机会），仔细分析各问题的产生原因或者条件并进行说明，这是因为在后面的问题治理制度设计中，就是针对这些原因和条件进行整治的。

4. 在问题主体分析表中划分设计单元

在治理设计开始前，先要在问题主体分析表中准确地划分治理设计的单元：必须以同一问题环节中的同一主体为设计单元。比如，对于表 14-1，T_6I_1、T_6I_2、T_6I_3 三个问题必须同时分析与治理设计，因为这三个问题是同一问题环节（T_6）中的同一主体（R_1）造成的，所以它们是同一设计单元（T_6R_1）。

在表 14-1 中，共有 T_3R_1、T_3R_2、T_6R_1、T_6R_2、T_9R_1、T_9R_2 等六个设计单元。

需要注意的是，在各设计单元中，根据被管理者行为集中的行为的数量，可以把设计单元分为二元行为的设计单元、三元行为的设计单元、四元行为的设计单元等。比如，在表 14-1 中的 T_3R_1、T_3R_2、T_6R_1、T_6R_2、T_9R_1、T_9R_2 这六个设计单元中，T_3R_1、T_3R_2、T_6R_2、T_9R_1、T_9R_2 都是二元设计单元，而 T_6R_1 为四元设计单元。判断设计单元是几元的规则，是把该设计单元中的不良行为数量再加一个正常行为。比如，T_3R_1 中包含了应聘者的一个不良行为"虚报个人信息"，再加上应聘者的一个正常行为"如实填写个人信息"，因此设计单元 T_3R_1 就是二元的。

5. 对每个设计单元分别进行治理设计

设计单元划分完成后，就可以针对每个设计单元分别进行分析和治理设计，直到各单元都完成。

14.3 节与 14.4 节分别介绍每个设计单元的治理设计中的两个内部步骤：分析当前制度参数；对当前制度的改进设计。

14.3 每一设计单元的治理设计步骤 ——分析当前制度参数

对每个设计单元进行治理设计的过程步骤都是一样的。因此，如果存在多个设计单元，对每一设计单元的治理设计步骤实际上是一种不断重复循环的过程，直到所有的设计单元都治理设计完成。

下面，给出针对一个设计单元的治理设计步骤的前半部分——分析当前制度参数。

14.3.1 绘制不良行为惩罚制度孙氏图并且编制效用表

这个步骤中，首先需要针对特定的设计单元，绘制其孙氏图。孙氏图反映了制度中存在哪些部件及各部件之间的结构关系。

图 14-2 是设计单元 T_3R_1（某地区事业单位招聘流程中应聘者虚报个人信息）的惩罚制度孙氏图。

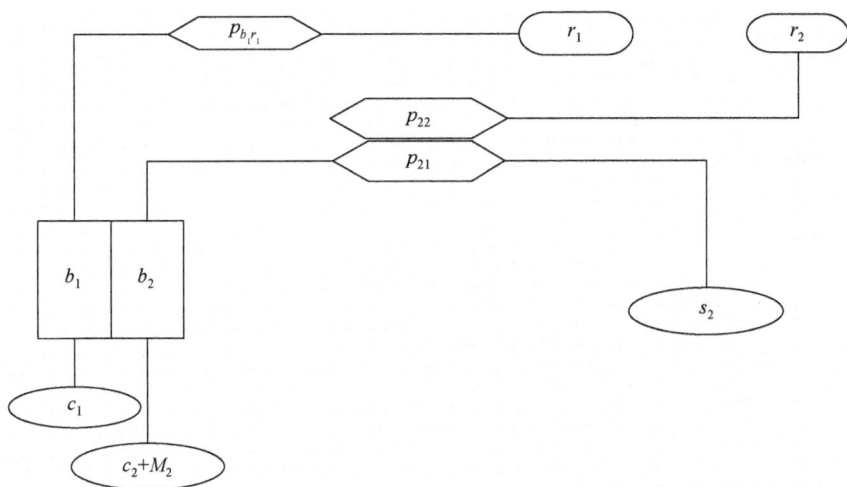

图 14-2 某地区事业单位招聘的设计单元 T_3R_1 的惩罚制度孙氏图

作为例子，图 14-2 中的孙氏图，在本质上是一个二元行为（即一个是正常行为，一个是不良行为）的惩罚制度，其结构原理可以描述如下。

在二元行为惩罚制度中，只有一个作为管理对象的个体，他有两个离散的行为，即有一个二元行为集。二元行为分别为：b_1 为正常行为（此例为如实填写个人信息），b_2 为不良行为（此例为虚报个人信息）。

在现实中，一些不够条件的应聘者"虚报个人信息"是事业单位招聘中经常遇到的不良行为。比如，在资格审查时提交伪造的"全国普通高等学校本专科毕业生就业报到证"或者伪造的各类学历或培训证书等。

在该制度结构下，只要个体选择正常行为 b_1，则以概率 $p_{b_1r_1}$（因为有可能资格审查不通过，所以只能以一定的概率通过）得到回报 r_1（资格审查通过）。

因为个体的行为集是二元的，所以如果个体没有选择正常行为 b_1，他选择的行为必然是不良行为 b_2（虚报个人信息）。该制度对不良行为 b_2 设置了一个观测器

p_2，当不良行为 b_2 发生时，观测器 p_2 能够以概率 p_{21} 观测到 b_2（此例为应聘者虚报个人信息被发现），这时，个体将因为选择 b_2 而受到惩罚 s_2（此例为本次报名无效）。同时，因为观测器 p_2 性能难以做到完全有效（即并不是 100% 地发现所有的虚报行为的），所以当不良行为 b_2 发生时，观测器 p_2 还以概率 $p_{22}=1-p_{21}$ 出现误判（即应聘者虚报个人信息的行为 b_2 没有被观测到）。这时，反而因为应聘者虚报个人信息被当作了真实信息，所以资格审查时 100% 获得通过（因为应聘者虚报的信息显示其是完全符合要求的），即必然会得到回报 r_2（即资格审查通过）。

在绘出孙氏图之后，再根据其孙氏图，编制相应的效用表。

效用表反映了一个设计单元中被管理者的行为集中各行为的定义、影响各行为效用的制度部件与这些部件的定义及参数代码（即参数符号）。

作为例子，表 14-2 给出了某地区事业单位招聘流程中设计单元 T_3R_1 的不良行为惩罚制度的效用表。

表 14-2　某地区事业单位招聘的设计单元 T_3R_1 的惩罚制度效用表

行为编号	行为内容	心理成本	行为成本	观测器	观测概率	概率器（通过率）	回报	效用（设个体为风险中性）
$T_3R_1b_1$	如实填写个人信息		c_1			p_{b_1}	资格审查通过，r_1	$u_1=p_{b_1}\times r_1-c_1$
$T_3R_1b_2$	虚报个人信息	M_2	c_2	p_2	没被发现，p_{22}		资格审查通过，r_2	$u_2=p_{22}\times r_2+p_{21}\times s_2-c_2-M_2$
					被发现，p_{21}		取消报考资格，s_2	

14.3.2　使用交换效用法调查或实验来获取制度参数并编制参数表

1. 参数表的意义

参数表给出了制度中各部件的当前性能参数，这些参数是分析与计算当前制度的效果的基础。

在参数表中，必须对制度部件的类型、原理进行说明，并且给出各种参数的获取方法和来源，比如，对于调查得来的数据，说明是针对何种群体进行的调查；对于通过实验获得的数据，说明其具体的实验方法；还有一些数据直接来自客观统计等。

作为例子，表 14-3 给出了某地区事业单位招聘流程中设计单元 T_3R_1 的不良行为惩罚制度的参数表。

表 14-3　某地区事业单位招聘的设计单元 T_3R_1 的惩罚制度的参数表

行为代码	部件代码	部件名称与特征及参数来源的说明	参数值（除概率外，其他数据单位皆为万元）
$T_3R_1b_1$	r_1	促进器（回报型）：通过应聘资格初审，参数值来源于调查不造假注定不够应聘资格者	5
	c_1	报名应聘的成本：很小，假设为 0，通过应聘资格初审，参数值来源于调查不造假注定不够应聘资格者	0
	p_{b_1}	如实填写个人信息时的初审通过概率：参数值来源于分析，因为不够应聘资格，所以通过概率为 0	0
$T_3R_1b_2$	r_2	促进器（回报型）：通过应聘资格初审，参数值来源于调查不造假注定不够应聘资格者	5
	s_2	抑制器（回报型）：本次报名无效。参数值来源于调查不造假注定不够应聘资格者	0
	M_2	造假行为引起的心理不安，参数值来源于对应聘者总体的调查	见表 14-4
	c_2	个人信息造假的经济成本，参数值来源于调查不造假注定不够应聘资格者	2
	p_2	观测器：人工审核应聘者书面材料，参数值来源于实验（通过提供造假后的信息，考察人工审核发现的概率），发现概率为 p_{21}，未发现概率为 p_{22}	p_{21}：0.2 p_{22}：0.8

2. 参数表中的数据来源——交换效用法调查与实验

如何相对准确地获得制度参数表中的数据是一个相当重要的问题。此处以表 14-3 为例，对参数数据的获取进行说明。

在表 14-3 中，r_1 是当有造假需求的应聘者选择"如实填写个人信息"（即行为 b_1）时的回报。这个数据可以采用交换效用法中的临界值法（2.9 节），由对行为主体进行调查来获取。在使用交换效用法时，"交换效用的基础值"为经济收益，即在问卷中提出"如果您已经在应聘资格初审时获得通过，但有人愿意付钱给你换取您放弃这个应聘资格，那么对方给您多少钱时您才愿意放弃这个应聘资格？"这样的问题。

因为这个制度是针对"个人信息造假者"的，而 r_1 是这些有造假可能的人选择"如实填写个人信息"时的回报，所以调查对象就是明显不够应聘资格的人。在实际调查时，可以选择一些这样的人作为调查样本。

c_1 是"如实填写个人信息"行为的物质成本，通过调查，这个成本为 0。

$p_{b_1r_1}$ 是一个"概率器"，即当 b_1（如实填写个人信息）这个行为发生后，得到 r_1（通过应聘资格初审）的概率。显然，因为该制度所针对的是不够应聘资格者，所以在他们如实填写个人信息的情况下通过概率为 0，这个参数值是通过分析得到的。

p_2 是针对"虚报个人信息"（行为 b_2）这个行为的观测器，在当前制度下，其工作原理是采用人工用肉眼审核应聘者填报的材料和提交的证明材料。该观测器的输出为两种：在应聘者造假的情况下，发现其造假的概率为 p_{21}，没有发现其造假的概率为 p_{22}。

对 p_{21} 和 p_{22} 的数据的获取（二者之和为 1，因此获取一个数据即可），不能采用调查法，因为调查法难以获得真实的数据，只能采用实验法，即对该观测器输入事先已经造假的应聘材料，统计其发现这些造假材料的数量在输入总量中占的比例，即发现概率 p_{21}。

r_2 是对"虚报个人信息"的应聘者的回报，即这些造假的应聘者没有被观测器 p_2 发现而"通过应聘资格初审"时的收益。这个数据仍然采用交换效用法中的临界值法，由对本身不够应聘条件的人进行调查来获取。

s_2 是对"虚报个人信息"（行为 b_2）的应聘者的惩罚，即这些造假的应聘者被观测器 p_2 发现后得到的惩罚值，s_2 的内容是"本次报名无效"。这个数据仍然采用交换效用法中的临界值法，由对本身不够应聘条件的人进行调查来获取。在本例中，对于本来就不够资格的应聘者来说，"本次报名无效"其实不算什么损失，因此其参数值为 0。

需要注意的是，s_2 的参数值是带负号的，因此在效用表（表 14-2）中，s_2 在行为 b_2 的效用式中的符号是正的。

M_2 是造假行为引起的心理不安，参数值来源于调查不造假注定不够应聘资格者。需要注意的是，M_2 不是单一的数据，而是在被管理者群体中，不同的人的 M_2 不同。因此，调查结果得到的是一个 M_2 分布表，即不同的 M_2 值的人数及在总体中所占的比例。

14.3.3　临界心理成本 M_2^* 的计算（设个体为风险中性）

在制度工程学中，对制度有效性估计的基础，是针对具体的被管理者来计算他选择正常行为效用和考虑心理成本的情况下选择不良行为的效用，如果对该被管理者来说其正常行为效用更大，那么他会选择正常行为，放弃不良行为，因此制度对他有效。如果该被管理者选择不良行为的效用更大，那么他就会选择不良行为而放弃正常行为，因此制度对他无效。

这里，有一个重要的理论问题，即通常情况下，因为信息有限、知识有限及判断能力有限等因素，所以许多被管理者都具有一定的非理性，那么被管理者能否准确地判断各行为的效用？

实际上，人们认识世界过程中有一个"逼近原理"：随着重复次数增多，经验会使人们的认识渐渐接近实际情况。而因为制度所管理的行为都不是一次性的而是重复的（我们不会为只出现一次的行为去设计制度），所以有理由认为，只要时间充分长，行为的重复次数充分多（包括其他人的经验教训等间接重复所得到的间接经验在人与人之间的交流），人们的认识会不断地逼近真实情况。因此，在制度这种针对群体性和重复性行为管理的情况下，人们对各种行为的期望效用的认识会渐渐准确。因此，这种计算是有意义的，这种判断制度有效性的方法也是可行的。

由效用表可知，被管理者选择 b_1 这个正常行为（即如实填写个人信息）的效用为

$$u_1 = p_{b_1 r_1} \times r_1 - c_1$$

被管理者选择 b_2 这个不良行为（即虚报个人信息）的效用为

$$u_2 = p_{22} \times r_2 + p_{21} \times s_2 - c_2 - M_2$$

如果制度对某被管理者有效，即对他来说 $u_1 > u_2$，从而他会选择 b_1 这个正常行为（即如实填写个人信息），则有

$$p_{b_1 r_1} \times r_1 - c_1 > p_{22} \times r_2 + p_{21} \times s_2 - c_2 - M_2$$

解得

$$M_2 > p_{22} \times r_2 - p_{b_1 r_1} \times r_1 + p_{21} \times s_2 + c_1 - c_2 \qquad (14\text{-}1)$$

代入参数表（表 14-3）中的数据，得

$$M_2 > p_{22} \times r_2 - p_{b_1 r_1} \times r_1 + p_{21} \times s_2 + c_1 - c_2 = 0.8 \times 5 - 0 \times 5 + 0.2 \times 0 + 0 - 2 = 2$$

即

$$M_2^* = 2 万元$$

由此，不良行为 $T_3 R_1 b_2$（虚报个人信息）的行为心理成本临界值为 $M_2^* = 2 万元$，因此，在当前制度下，凡是该行为的心理成本小于 2 万元的有意应聘者，在不造假就注定不够应聘资格的情况下，都可能会发生虚报个人信息的情况。

14.3.4　调查与编制心理成本 M_2 的分布表

心理成本（在本书中用 M 表示）是指人们在进行某种不良行为时，产生的心理压力或者心理不安。

在制度工程学中，心理成本是一个重要的概念。有一些与人们的道德观、价值观相违背的行为，即使经济收益非常高，但由于其心理成本太高，人们也不会选择这个行为。

决定心理成本的因素有两个：一是行为的性质；二是行为者的思想观念。

从行为性质角度来看，越是与人们道德观价值观相违背的不良行为，其心理成本越高，人们越难以选择这个行为。

从行为者的思想观念的角度来看，对于一个同样的不良行为，不同的人的心理成本不同。一般来说，越是道德感强的人，其心理成本越高。

心理成本的测量，是用交换效用法进行的，调查对象为不造假注定不够应聘资格者。具体方法请见 2.12 节。测量的结果形成心理成本分布表。

对于本例（某地区事业单位招聘的设计单元 T_3R_1 中虚报个人信息行为），其心理成本分布表为表 14-4。

表 14-4　某地区事业单位招聘的设计单元 T_3R_1 中虚报个人信息行为 b_2 的心理成本 M_2 分布表

心理成本区间，最大数/万元	人数	百分比	累积百分比
0~1	3	7%	7%
2	6	15%	22%
4	10	24%	46%
8	14	34%	80%
10	6	15%	95%
大于 10	2	5%	100%

注：最大数为给出数，最小数为大于上行最大数的开区间

14.3.5　根据心理成本分布表和临界心理成本估计制度的效果

根据计算出的临界心理成本 $M_2^* = 2$ 万元，到表 14-4 中查找其累积百分比的对应位置，发现其对应的累积百分比为 22%。

因此，在不够资格的有意应聘者中，约有 22% 的人会选择造假，有不良行为倾向的人占比较高，可以看出该制度效果不佳。

14.4 每一设计单元的治理设计步骤 ——对当前制度的改进设计

在对当前制度进行分析后如果发现其效果不佳，就需要对其进行改进设计。

对当前制度的改进，需要依据"问题主体分析表"进行，在本例中，即为表 14-1。

制度的改进，主要有两个方面：一是改变制度的孙氏图结构；二是改进制度部件的性能（即改进制度参数）。对于本例，则从改进制度部件性能入手提高制度效果。

1. 改进制度部件性能

结合表 14-1，分析制度参数表（表 14-3）中的各制度部件特征，发现可以改进的制度部件为观测器 p_2。

p_2 原来的性能特征是"人工审核应聘者书面材料"，为了加大其观测力度，以使制度更加有效，改变为："人工审查 + 利用管理信息系统检测虚报信息行为"，即利用教育部的学历系统来核对报名应聘者的学历信息，针对应聘者提供的任职经历，查询其以往的任职单位的网站上的员工名单，从而有效地核实应聘者的个人经历信息。

2. 重新测量制度部件参数并编制改进前后制度参数对照表

根据上述对制度部件的改进，重新测量其改进后的制度部件参数并编制改进前后制度参数对照表（表 14-5）。

表 14-5 某地区事业单位招聘的设计单元 T_3R_1 的惩罚制度的改进前后参数对照表

行为代码	部件代码	原部件特征	改进后部件特征	改进前参数值	改进后参数值
$T_3R_1b_1$	r_1	促进器（回报型）：通过应聘资格初审	无变化	5	5
	c_1	报名应聘的成本	无变化	0	0
	p_{b_1l}	如实填写个人信息时的初审通过概率	无变化	0	0

行为代码	部件代码	原部件特征	改进后部件特征	改进前参数值	改进后参数值
$T_3R_1b_2$	r_2	促进器（回报型）：通过应聘资格初审	无变化	5	5
	s_2	抑制器（回报型）：本次报名无效	无变化	0	0
	M_2	造假行为引起的心理不安	无变化	见表 14-4	无变化
	c_2	个人信息造假的经济成本	无变化	2	2
	p_2	观测器：人工审核应聘者书面材料	观测器：人工审查＋使用管理信息系统检测，发现概率为 p_{21}	p_{21} : 0.2　p_{22} : 0.8	p_{21} : 0.5　p_{22} : 0.5

3. 重新计算临界心理成本 M_2^*

把表 14-5 中的数据代入式（14-1）中，有

$$M_2 > p_{22} \times r_2 - p_{b_{r_1}} \times r_1 + p_{21} \times s_2 + c_1 - c_2 = 0.5 \times 5 - 0 \times 5 + 0.5 \times 0 + 0 - 2 = 0.5$$

即

$$M_2^* = 0.5 万元$$

由此，不良行为 $T_3R_1b_2$（虚报个人信息）的行为心理成本临界值为 $M_2^* = 0.5$ 万元，因此，在当前制度下，只有该行为的心理成本小于 0.5 万元的有意应聘者，在不造假就注定不够应聘资格的情况下，才可能会发生虚报个人信息的情况。

4. 根据心理成本分布表和临界心理成本估计制度的效果

根据计算出的临界心理成本 $M_2^* = 0.5$ 万元，到表 14-4 中查找其累积百分比的对应位置。因为表中没有 $M_2^* = 0.5$ 万元 的对应位置（只有低于该值的"0"与高于该值的"1"的位置），所以用线性插值法求近似值，算法为

$$0 + \frac{7-0}{1-0} \times (0.5-0) = 3.5$$

因此，制度改进后，在不够资格的有意应聘者中，只有约 3.5% 的可能会选择造假。由此可以看出，经过对制度部件的改进（主要是通过现代技术设备对制度部件性能进行了改进，即对于个人信息造假行为，由原来的人工审查，改进为"人

工审查＋管理信息系统检测"，由此可以看出技术设备对改善管理效果的作用，因此制度设计不是传统的文科），有不良行为倾向的人占比已经很低，因此该制度的有效性大为提高。

14.5　多元行为设计单元的治理设计步骤
——分析当前制度参数

在 14.3 节与 14.4 节说明制度设计步骤与方法时，所举的例子是一个二元行为设计单元 T_3R_1。但在制度设计实践中，也常常会遇到被管理者的集中行为数量多于两个的多元行为设计单元。为了说明这种情况下的制度设计过程和方法，此处以表 14-1 中的四元行为设计单元 T_6R_1 作为例子，说明其制度设计过程。

下面给出针对一个多元行为设计单元的治理设计步骤的前半部分——分析当前制度参数。

14.5.1　绘制不良行为惩罚制度孙氏图并且编制效用表

图 14-3 是某地区事业单位招聘流程中设计单元 T_6R_1（应聘者考试作弊）的惩罚制度孙氏图。

作为例子，图 14-3 的孙氏图，在本质上是一个四元行为（即一个正常行为，三个不良行为）的惩罚制度，其结构原理可以描述如下。

四元行为惩罚制度中，有一个作为管理对象的个体，它有四个离散的行为，即有一个四元行为集。

四元行为分别为：b_1 为正常行为（此例为诚实考试），b_2 为第一个不良行为（此例为抄袭作弊），b_3 为第二个不良行为（此例为利用设备作弊），b_4 为第三个不良行为（此例为请人代考作弊）。

在该制度结构下，只要个体选择正常行为 b_1，则以概率 $p_{b_1r_1}$（因为有可能考试不过，所以只能以一定的概率通过）得到回报 r_1（考试通过）。

因为个体的行为集是四元的，所以如果个体没有选择正常行为 b_1，他选择的行为必然是如下三种可能之一。

第一种可能是选择不良行为 b_2（抄袭作弊）。该制度对不良行为 b_2 设置了一个观测器 p_2，当不良行为 b_2 发生时，观测器 p_2 能够以概率 p_{21} 观测到 b_2（抄袭作弊被发现）。这时，个体将因为选择 b_2 而受到惩罚 s_2（成绩作废）。同时，

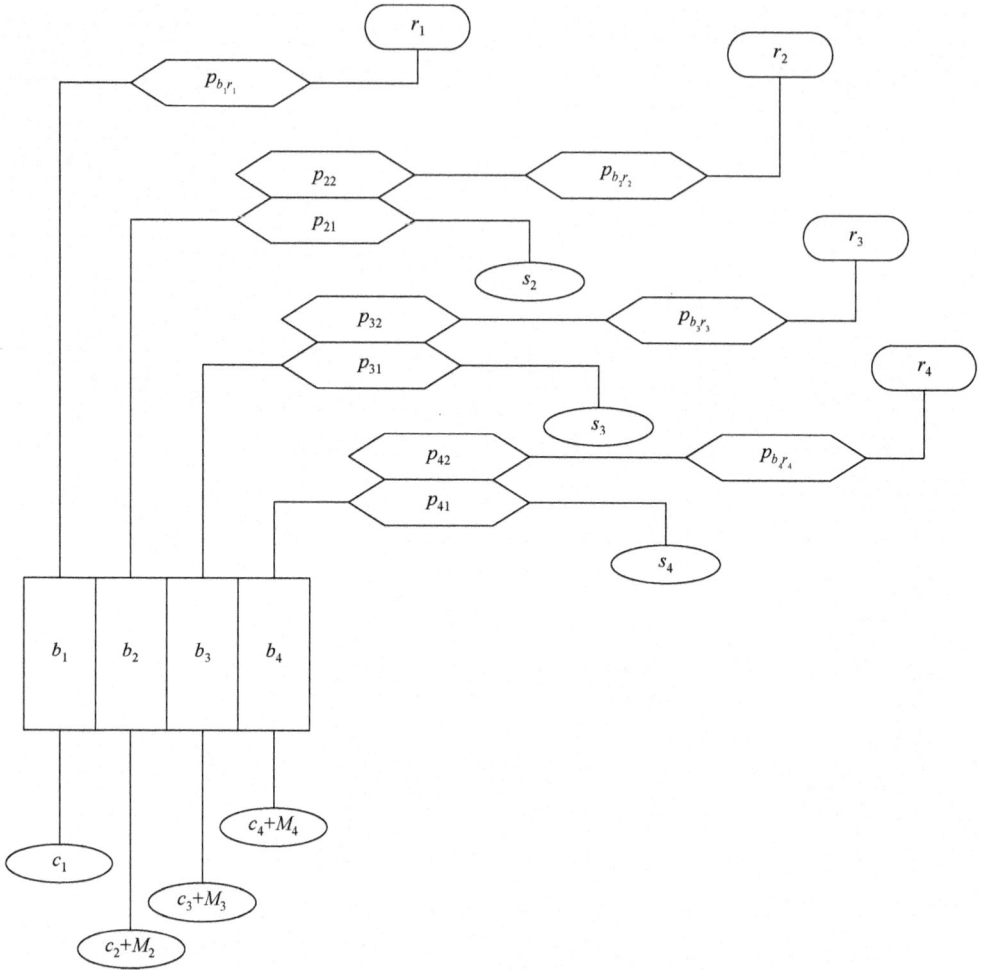

图 14-3   某地区事业单位招聘流程中设计单元 T_6R_1 的惩罚制度孙氏图

因为观测器 p_2 性能难以做到完全有效（即并不是 100%地发现所有的抄袭作弊行为的），所以当不良行为 b_2 发生时，观测器 p_2 还以概率 $p_{22} = 1 - p_{21}$ 出现误判（即抄袭作弊的行为 b_2 没有被观测到）。这时，应考者会以概率 $p_{b_2 r_2}$（抄袭情况下通过率会高一些，但也不是 100%能够通过考试）得到回报 r_2（即考试通过）。

第二种可能是选择不良行为 b_3（利用设备作弊）。对不良行为 b_3 设置了一个观测器 p_3，当不良行为 b_3 发生时，观测器 p_3 能够以概率 p_{31} 观测到 b_3（利用设备作弊被发现）。这时，个体将因为选择 b_3 而受到惩罚 s_3（成绩作废）。同时，当不良行为 b_3 发生时，观测器 p_3 还以概率 $p_{32} = 1 - p_{31}$ 出现误判（即利用设备作弊行为 b_3

没有被观测到)。这时，应考者会以概率 $p_{b_3r_3}$ （利用设备作弊情况下，基本上能够保证通过考试，因此该概率为 1，即 100%能够通过考试）得到回报 r_3 （即考试通过)。

利用设备作弊是团队性的，这种作弊过程是一种多人配合的"链条"，包括在考场非法窃取试题，传递到考场外，请"枪手"解题，把考试答案发送给考生等。因此，考生只是接收其"考试答案"的一方，处于作弊的最终端。但如果制度能够把考生管住，使其不敢作弊，这种作弊方式就失去了"市场"。因此这里主要针对利用设备作弊的考生进行制度分析与设计。

利用设备作弊，是近年来不断蔓延的一种利用科技手段作弊的新方式，因此需要在制度设计中重点关注。这种作弊是团伙性的，主要作弊设备是计算机、无线电发射器、无线接收耳机、微型拍摄器等。作弊过程一般是犯罪团伙通过网络获悉某地事业单位公开招聘工作人员考试信息后，在网上发布广告，与考生取得联系后提供电子作弊设备。比如，某作弊团伙事先购置五代云端发射器及微型拍摄器等网络设备，然后将橡皮擦形状的考试作弊接收器出售给多名考生。考试当天，嫌疑人甲携带微型拍摄器以考生身份偷拍试卷内容，后向监考请假上厕所，趁上厕所之际将内存卡放置在厕所，再由事先藏于厕所内的嫌疑人乙取走并交给嫌疑人丙。嫌疑人丙再将试卷照片发送给上线，接受上线传来的试卷答案后将答案通过无线电发射设备发送至考场内。

第三种可能是选择不良行为 b_4 （请人代考作弊)。对不良行为 b_4 设置了一个观测器 p_4 ，当不良行为 b_4 发生时，观测器 p_4 能够以概率 p_{41} 观测到 b_4 （请人代考作弊被发现)。这时，个体将因为选择 b_4 而受到惩罚 s_4 （成绩作废)。同时，当不良行为 b_4 发生时，观测器 p_3 还以概率 $p_{42}=1-p_{41}$ 出现误判（即请人代考作弊行为 b_4 没有被观测到)。这时，应考者会以概率 $p_{b_4r_4}$ （请人代考作弊情况下，通过率会比较高，但也不是 100%能够通过考试）得到回报 r_4 （即考试通过)。

然后，再根据其孙氏图，编制相应的效用表。

作为一个多元行为的设计单元的例子，表 14-6 给出了某地区事业单位招聘流程中设计单元 T_6R_1 的不良行为惩罚制度的效用表。

表 14-6　某地区事业单位招聘的设计单元 T_6R_1 的惩罚制度效用表

行为编号	行为内容	心理成本	行为成本	观测器	观测概率	概率器（通过率）	回报	效用（设个体为风险中性）
$T_6R_1b_1$	诚实考试		c_1			$p_{b_1r_1}$	考试通过，r_1	$u_1 = p_{b_1r_1} \times r_1 - c_1$

续表

行为编号	行为内容	心理成本	行为成本	观测器	观测概率	概率器(通过率)	回报	效用(设个体为风险中性)
$T_6R_1b_2$	抄袭作弊	M_2	c_2	p_2	没被发现,p_{22}	$p_{b_2r_2}$	考试通过,r_2	$u_2 = p_{22} \times p_{b_2r_2} \times r_2 + p_{21} \times s_2 - c_2 - M_2$
					被发现,p_{21}		惩罚,s_2	
$T_6R_1b_3$	利用设备作弊	M_3	c_3	p_3	没被发现,p_{32}	$p_{b_3r_3}$	考试通过,r_3	$u_3 = p_{32} \times p_{b_3r_3} \times r_3 + p_{31} \times s_3 - c_3 - M_3$
					被发现,p_{31}		惩罚,s_3	
$T_6R_1b_4$	请人代考作弊	M_4	c_4	p_4	没被发现,p_{42}	$p_{b_4r_4}$	考试通过,r_4	$u_4 = p_{42} \times p_{b_4r_4} \times r_4 + p_{41} \times s_4 - c_4 - M_4$
					被发现,p_{41}		惩罚,s_4	

14.5.2　使用交换效用法调查或实验来获取制度参数并编制参数表

作为例子,表 14-7 给出了某地区事业单位招聘流程中设计单元 T_6R_1 的不良行为惩罚制度的参数表。

表 14-7　某地区事业单位招聘的设计单元 T_6R_1 的惩罚制度的参数表

行为代码	部件代码	部件名称与特征及参数来源的说明	参数值(除概率外,其他数据单位皆为万元)
$T_6R_1b_1$	r_1	促进器(回报型):考试通过,参数值来源于对应聘者中以往学习成绩较差者的调查	20
	$p_{b_1r_1}$	诚实考试时的考试通过概率:参数值来源于实验(即请学习成绩较差者在正常考试状态下答题)	0.2
	c_1	准备考试的经济成本:参数值来源于对以往学习成绩较差者的调查	4
$T_6R_1b_2$	r_2	促进器(回报型):抄袭作弊没有被发现且考试通过,参数值来源于对以往学习成绩较差者的调查	20
	$p_{b_2r_2}$	抄袭作弊没有被发现时的考试通过概率,参数值来源于实验(即请以往学习成绩较差者在可以抄袭情况下答题)	0.5
	s_2	抑制器(回报型):抄袭作弊被发现后,成绩作废,参数值来源于对以往学习成绩较差者的调查	-1
	M_2	抄袭作弊引起的心理不安,参数值来源于对以往学习成绩较差者的调查	见表 14-8

续表

行为代码	部件代码	部件名称与特征及参数来源的说明	参数值（除概率外，其他数据单位皆为万元）	
$T_6R_1b_2$	c_2	抄袭作弊的经济成本，参数值来源于分析	0	
	p_2	观测器：针对抄袭作弊进行人工监考，参数值来源于实验（安排被试抄袭，考察人工监考下发现的概率），发现概率为 p_{21}，未发现概率为 p_{22}	p_{21}：0.4	
			p_{22}：0.6	
$T_6R_1b_3$	r_3	促进器（回报型）：利用设备作弊没有被发现且考试通过，参数值来源于对以往学习成绩较差者的调查	20	
	$p_{b_3r_3}$	利用设备作弊没有被发现时的考试通过概率，参数值来源于案例分析（即以往破获的利用设备作弊案中提供的答案情况）	1	
	s_3	抑制器（回报型）：利用设备作弊被发现，成绩作废。参数值来源于对以往学习成绩较差者的调查	−1	
	M_3	利用设备作弊引起的心理不安，参数值来源于对以往学习成绩较差者的调查	见表 14-9	
	c_3	利用设备作弊的经济成本，参数值来源于对利用设备作弊的"社会行情"的调查	5	
	p_3	观测器：针对利用设备作弊进行人工监考，参数值来源于实验（安排以往学习成绩较差者作弊，考察人工监考下发现的概率），发现概率为 p_{31}，未发现概率为 p_{32}	p_{31}：0.2	
			p_{32}：0.8	
$T_6R_1b_4$	r_4	促进器（回报型）：请人代考作弊没有被发现且考试通过，参数值来源于对以往学习成绩较差者的调查	20	
	$p_{b_4r_4}$	请人代考作弊没有被发现时的考试通过概率，参数值来源于实验（即请与代考者水平相近的人在考试状态下答题）	0.7	
	s_4	抑制器（回报型）：请人代考作弊被发现后，成绩作废。参数值来源于对以往学习成绩较差者的调查	−1	
	M_4	请人代考作弊引起的心理不安，参数值来源于对以往学习成绩较差者的调查	见表 14-10	
	c_4	请人代考作弊的经济成本，参数值来源于调查请人代考的"社会行情"	4	
	p_4	观测器：针对请人代考作弊进行人工监考，参数值来源于实验（安排被试代考，考察人工监考下发现的概率），发现概率为 p_{41}，未发现概率为 p_{42}	p_{41}：0.3	
			p_{42}：0.7	

14.5.3　临界心理成本的计算（设个体为风险中性）

1. M_2^* 的计算

由效用表可知，被管理者选择 b_1 这个正常行为（即诚实考试）的效用为

$$u_1 = p_{b_1r_1} \times r_1 - c_1$$

被管理者选择 b_2 这个不良行为（即抄袭作弊）的效用为

$$u_2 = p_{22} \times p_{b_2r_2} \times r_2 + p_{21} \times s_2 - c_2 - M_2$$

如果制度对某被管理者有效，即对他来说 $u_1 > u_2$，他会选择 b_1（即诚实考试），则有

$$p_{b_1r_1} \times r_1 - c_1 > p_{22} \times p_{b_2r_2} \times r_2 + p_{21} \times s_2 - c_2 - M_2$$

解得

$$M_2 > p_{22} \times p_{b_2r_2} \times r_2 - p_{b_1r_1} \times r_1 + p_{21} \times s_2 + c_1 - c_2 \qquad (14\text{-}2)$$

在式（14-2）中代入参数表（表 14-7）中的数据，得

$$\begin{aligned}
M_2 &> p_{22} \times p_{b_2r_2} \times r_2 - p_{b_1r_1} \times r_1 + p_{21} \times s_2 + c_1 - c_2 \\
&= 0.6 \times 0.5 \times 20 - 0.2 \times 20 + 0.4 \times (-1) + 4 - 0 \\
&= 5.6
\end{aligned}$$

即

$$M_2^* = 5.6 万元$$

由此，不良行为 $T_6R_1b_2$（抄袭作弊）的行为心理成本临界值为 $M_2^* = 5.6$ 万元，因此，在当前制度下，凡是该行为的心理成本小于 5.6 万元的应考者，在不作弊就注定无法通过考试的情况下，都可能会发生抄袭作弊的情况。

2. M_3^* 的计算

同样，被管理者选择 b_3 这个不良行为（即利用设备作弊）的效用为

$$u_3 = p_{32} \times p_{b_3r_3} \times r_3 + p_{31} \times s_3 - c_3 - M_3$$

如果制度对某被管理者有效，即对他来说 $u_1 > u_3$，他会选择 b_1 这个正常行为（即诚实考试），则有

$$p_{b_1r_1} \times r_1 - c_1 > p_{32} \times p_{b_3r_3} \times r_3 + p_{31} \times s_3 - c_3 - M_3$$

解得

$$M_3 > p_{32} \times p_{b_3r_3} \times r_3 - p_{b_1r_1} \times r_1 + p_{31} \times s_3 + c_1 - c_3 \qquad (14\text{-}3)$$

代入参数表（表 14-7）中的数据，得

$$\begin{aligned}
M_3 &> p_{32} \times p_{b_3r_3} \times r_3 - p_{b_1r_1} \times r_1 + p_{31} \times s_3 + c_1 - c_3 \\
&= 0.8 \times 1 \times 20 - 0.2 \times 20 + 0.2 \times (-1) + 4 - 5 \\
&= 10.8
\end{aligned}$$

即

$$M_3^* = 10.8万元$$

由此，不良行为 $T_6R_1b_3$（利用设备作弊）的行为心理成本临界值为 $M_3^* = 10.8万元$，因此，在当前制度下，凡是该行为的心理成本小于 10.8 万元的应考者，在不作弊就注定无法通过考试的情况下，都可能会发生利用设备作弊的情况。

3. M_4^* 的计算

而对于被管理者选择 b_4 这个不良行为（即请人代考作弊）的效用为

$$u_4 = p_{42} \times p_{b_4 r_4} \times r_4 + p_{41} \times s_4 - c_4 - M_4$$

如果制度对某被管理者有效，即对他来说 $u_1 > u_2$，他会选择 b_1 这个正常行为（即诚实考试），则有

$$p_{b_1 r_1} \times r_1 - c_1 > p_{42} \times p_{b_4 r_4} \times r_4 + p_{41} \times s_4 - c_4 - M_4$$

解得

$$M_4 > p_{42} \times p_{b_4 r_4} \times r_4 - p_{b_1 r_1} \times r_1 + p_{41} \times s_4 + c_1 - c_4 \qquad (14\text{-}4)$$

代入参数表（表 14-7）中的数据，得

$$\begin{aligned}
M_4 &> p_{42} \times p_{b_4 r_4} \times r_4 - p_{b_1 r_1} \times r_1 + p_{41} \times s_4 + c_1 - c_4 \\
&= 0.7 \times 0.7 \times 20 - 0.2 \times 20 + 0.3 \times (-1) + 4 - 4 \\
&= 5.5
\end{aligned}$$

即

$$M_4^* = 5.5万元$$

由此，不良行为 $T_6R_1b_4$（请人代考作弊）的行为心理成本临界值为 $M_4^* = 5.5万元$，因此，在当前制度下，凡是该行为的心理成本小于 5.5 万元的应考者，在不作弊就注定无法通过考试的情况下，都可能会发生请人代考作弊的情况。

14.5.4　调查与编制心理成本 M 的分布表并估计制度效果

与前面的 14.3.4 节不同，此处有 b_2、b_3、b_4 三个不良行为，因此需要针对这三个不良行为分别编制心理成本分布表并估计制度效果。

1. 调查与编制抄袭作弊行为 b_2 的心理成本 M_2 的分布表并估计制度效果

根据 14.3.4 节的办法，调查并编制抄袭作弊行为 b_2 的心理成本 M_2 的分布表（表 14-8）。

表 14-8　某地区事业单位招聘的设计单元 T_6R_1 中抄袭作弊行为 b_2 的心理成本 M_2 分布表

心理成本区间/万元	人数	百分比	累积百分比
0~1	2	5%	5%
2	3	7%	12%
3	5	12%	24%
4	7	17%	41%
5	5	12%	54%
6	6	15%	68%
7	4	10%	78%
8	1	2%	80%
9	2	5%	85%
10	3	7%	93%
大于 10	3	7%	100%

注：最大数为本行数，最小数为大于上行数的开区间

根据计算出的临界心理成本 $M_2^* = 5.6$ 万元，到表 14-8 中查找其累积百分比的对应位置。表中没有 $M_2^* = 5.6$ 万元 的对应位置（只有低于该值的 "5" 与高于该值的 "6" 的位置），因此用线性插值法求近似值，算法为

$$54 + \frac{68-54}{6-5} \times (5.6-5) = 62.4$$

因此，在以往学习成绩较差者中，如果让其在诚实考试与抄袭作弊之间做出选择，约有 62.4%的人会选择抄袭作弊。

2. 调查与编制利用设备作弊行为 b_3 的心理成本 M_3 的分布表并估计制度效果

同样方法，调查并编制利用设备作弊行为 b_3 的心理成本 M_3 的分布表（表 14-9）。

表 14-9　某地区事业单位招聘的设计单元 T_6R_1 中利用设备作弊行为 b_3 的心理成本 M_3 分布表

心理成本区间/万元	人数	百分比	累积百分比
0~1	1	2%	2%
2	0	0%	2%
4	1	2%	5%
6	3	7%	12%
8	5	12%	24%
10	7	17%	41%
12	9	22%	63%
14	6	15%	78%
16	4	10%	88%
20	3	7%	95%
大于 20	2	5%	100%

注：最大数为本行数，最小数为大于上行数的开区间

根据计算出的临界心理成本 $M_3^* = 10.8$ 万元，到表 14-9 中查找其累积百分比的对应位置。表中没有 $M_3^* = 10.8$ 万元 的对应位置（只有低于该值的"10"与高于该值的"12"的位置），因此用线性插值法求近似值，算法为

$$41 + \frac{63-41}{12-10} \times (10.8-10) = 49.8$$

因此，在以往学习成绩较差者中，如果让其在诚实考试与利用设备作弊之间做出选择，约有 49.8% 的人会选择利用设备作弊。

3. 调查与编制请人代考作弊行为 b_4 的心理成本 M_4 的分布表并估计制度效果

根据 14.3.4 节的办法，调查并编制请人代考作弊行为 b_4 的心理成本 M_4 的分布表（表 14-10）。

表 14-10　某地区事业单位招聘的设计单元 T_6R_1 中请人代考作弊行为 b_4 的心理成本 M_4 分布表

心理成本区间/万元	人数	百分比	累积百分比
0~1	1	2%	2%
2	2	5%	7%
4	2	5%	12%
6	4	10%	22%
8	5	12%	34%
10	7	17%	51%

心理成本区间/万元	人数	百分比	累积百分比
12	6	15%	66%
14	4	10%	76%
16	5	12%	88%
20	3	7%	95%
大于20	2	5%	100%

注：最大数为本行数，最小数为大于上行数的开区间

根据计算出的临界心理成本 $M_4^* = 5.5$ 万元，到表 14-10 中查找其累积百分比的对应位置。表中没有 $M_4^* = 5.5$ 万元的对应位置（只有低于该值的 "4" 与高于该值的 "6" 的位置），因此用线性插值法求近似值，算法为

$$12 + \frac{22 - 12}{6 - 4} \times (5.5 - 4) = 19.5$$

因此，在以往学习成绩较差者中，如果让其在诚实考试与请人代考作弊之间做出选择，约有 19.5% 的人会选择请人代考作弊。

4. 对制度改进后的效果的总结

综合上述计算结果，可以粗略地估计出，在以往学习成绩较差者中，如果让其在诚实考试与抄袭作弊之间做出选择，约有 62.4% 的人会选择抄袭作弊；如果让其在诚实考试与利用设备作弊之间做出选择，约有 49.8% 的人会选择利用设备作弊；如果让其在诚实考试与请人代考作弊之间做出选择，约有 19.5% 的人会选择请人代考作弊。因此，当前制度的管理效果很差。

14.6　每一设计单元的治理设计步骤
——对当前制度的改进设计

在对当前制度进行分析后如果发现其效果不佳，就需要对其进行改进设计。

对当前制度的改进，需要依据 "问题主体分析表" 进行，在本例中，即为表 14-1。

制度的改进，主要有两个方面：一是改变制度的孙氏图结构；二是改进制度部件的性能（即改进其制度参数）。对于本例，则从改进制度部件的性能入手来提高制度效果。

14.6.1　改进制度部件性能

结合表 14-1，分析制度参数表（表 14-3）中的各制度部件特征，发现可以改进的制度部件为抑制器 s_2、s_3、s_4，以及观测器 p_2、p_3、p_4。

其中，抑制器 s_2、s_3、s_4 原来皆为不良行为被发现后"成绩作废"，现一律改进为"成绩作废＋禁止明年报名"，显然改进后，其抑制力度大为增加。

观测器 p_2 原来只是"人工监考"，为了加大其观测力度，改变为："人工监考＋计算机动作识别系统"，从而提高观测力度。

观测器 p_3 原来也只是"人工监考"，为了加大其观测力度，改变为："人工监考＋电子狗探测"，从而提高观测力度。

观测器 p_4 原来也是"人工监考"，为了加大其观测力度，改变为："人工监考＋计算机人脸识别系统"，从而提高观测力度。

14.6.2　重新测量制度部件参数并编制改进前后制度参数对照表

根据上述对制度部件的改进，重新测量其改进后的制度部件参数并编制改进前后制度参数对照表，见表 14-11。

表 14-11　某地区事业单位招聘的设计单元 T_6R_1 的惩罚制度的改进前后参数对照表

行为代码	部件代码	原部件特征	改进后部件特征	改进前参数值	改进后参数值
$T_6R_1b_1$	r_1	促进器（回报型）：考试通过	无变化	20	20
	$p_{b_1r_1}$	诚实考试时的考试通过概率	无变化	0.2	0.2
	c_1	准备考试的经济成本	无变化	4	4
$T_6R_1b_2$	r_2	促进器（回报型）：抄袭作弊没有被发现且考试通过	无变化	20	20
	$p_{b_2r_2}$	抄袭作弊没有被发现时的考试通过概率	无变化	0.5	0.5
	s_2	抑制器（回报型）：抄袭作弊被发现后，成绩作废	抑制器（回报型）：成绩作废＋禁止明年报名	−1	−3
	M_2	抄袭作弊引起的心理不安	无变化	见表 14-8	无变化
	c_2	抄袭作弊的经济成本	无变化	0	0

行为代码	部件代码	原部件特征	改进后部件特征	改进前参数值	改进后参数值
$T_6R_1b_2$	p_2	观测器：人工监考，发现概率为 p_{21}	观测器：人工监考 + 计算机动作识别系统，发现概率为 p_{21}	p_{21}：0.4	p_{21}：0.7
				p_{22}：0.6	p_{22}：0.3
$T_6R_1b_3$	r_3	促进器（回报型）：利用设备作弊没有被发现且考试通过	无变化	20	20
	$p_{b_3r_3}$	利用设备作弊没有被发现时的考试通过概率	无变化	1	1
	s_3	抑制器（回报型）：利用电子设备作弊被发现，成绩作废	抑制器（回报型）：成绩作废 + 禁止明年报名	−1	−3
	M_3	利用设备作弊引起的心理不安	无变化	见表 14-9	无变化
	c_3	利用设备作弊的经济成本	无变化	5	5
	p_3	观测器：针对利用设备作弊进行人工监考，发现概率为 p_{31}	观测器：人工监考 + 电子狗探测，发现概率为 p_{31}	p_{31}：0.2	p_{31}：0.8
				p_{32}：0.8	p_{32}：0.2
$T_6R_1b_4$	r_4	促进器（回报型）：请人代考作弊没有被发现且考试通过	无变化	20	20
	$p_{b_4r_4}$	请人代考作弊没有被发现时的考试通过概率	无变化	0.7	0.7
	s_4	抑制器（回报型）：请人代考作弊被发现后，成绩作废	抑制器（回报型）：成绩作废 + 禁止明年报名	−1	−3
	M_4	请人代考作弊引起的心理不安，参数值来源于对以往学习成绩较差者的调查	无变化	见表 14-10	无变化
	c_4	请人代考作弊的经济成本	无变化	4	4
	p_4	观测器：针对请人代考作弊进行人工监考，发现概率为 p_{41}	观测器：人工监考 + 计算机人脸识别系统，发现概率为 p_{41}	p_{41}：0.3	p_{41}：0.7
				p_{42}：0.7	p_{42}：0.3

14.6.3 重新计算各不良行为临界心理成本（设个体为风险中性）并估计各不良行为与正常行为之间的比例

1. 重新计算 M_2^* 并估计不良行为 b_2（抄袭作弊）与正常行为 b_1 之间的比例

在式（14-2）中代入参数表（表 14-11）中的数据，得

$$M_2 > p_{22} \times p_{b_2 r_2} \times r_2 - p_{b_1 r_1} \times r_1 + p_{21} \times s_2 + c_1 - c_2$$
$$= 0.3 \times 0.5 \times 20 - 0.2 \times 20 + 0.7 \times (-3) + 4 - 0$$
$$= 0.9$$

即

$$M_2^* = 0.9 万元$$

由此，不良行为 $T_6 R_1 b_2$（抄袭作弊）的行为心理成本临界值为 $M_2^* = 0.9$ 万元，因此，在当前制度下，凡是该行为的心理成本小于 0.9 万元的应考者，在不作弊就注定无法通过考试的情况下，都可能会发生抄袭作弊的情况。

根据计算出的临界心理成本 $M_2^* = 0.9$ 万元，到表 14-8 中查找其累积百分比的对应位置。表中没有 $M_2^* = 0.9$ 万元 的对应位置（只有低于该值的"0"与高于该值的"1"的位置），因此用线性插值法求近似值，算法为

$$0 + \frac{5 - 0}{1 - 0} \times (0.9 - 0) = 4.5$$

因此，在以往学习成绩较差者中，如果让其在诚实考试与抄袭作弊之间做出选择，约有 4.5%的人会选择抄袭作弊。

2. 重新计算 M_3^* 并估计不良行为 b_3（利用设备作弊）与正常行为 b_1 之间的比例

在式（14-3）中代入参数表（表 14-11）中的数据，得

$$M_3 > p_{32} \times p_{b_3 r_3} \times r_3 - p_{b_1 r_1} \times r_1 + p_{31} \times s_3 + c_1 - c_3$$
$$= 0.2 \times 1 \times 20 - 0.2 \times 20 + 0.8 \times (-3) + 4 - 5$$
$$= -3.4$$

即

$$M_3^* = -3.4 万元$$

临界心理成本为负数，这是前面还没有出现过的情况。那么，如何解释这个"负的心理成本"呢？负的心理成本意味着，如果某人对某不良行为具有负的心理成本，他对该不良行为不但没有"内疚"等心理负担，而且还会有"发泄"等心理需求。比如，对社会不满的一些人，在做危害社会的行为时，心理上反而有满足感，这些人的危害社会行为的心理成本就是负的。

对于本例所计算出的负的临界心理成本　，这意味着，在改进后的惩罚制度下，

在那些以往学习成绩较差者中，只要没有人具有"反社会情绪"（即在该行为的心理成本分布表中，心理成本最低的为"0"，不存在着具有"负的心理成本"的人），如果让其在诚实考试与利用设备作弊之间做出选择，则没有人会选择利用设备作弊。

3. 重新计算 M_4^* 并估计不良行为 b_4（请人代考作弊）与正常行为 b_1 之间的比例

在式（14-4）中代入参数表（表 14-11）中的数据，得

$$M_4 > p_{42} \times p_{b_4 r_4} \times r_4 - p_{b_i r_1} \times r_1 + p_{41} \times s_4 + c_1 - c_4$$
$$= 0.3 \times 0.7 \times 20 - 0.2 \times 20 + 0.7 \times (-3) + 4 - 4$$
$$= -1.9$$

即

$$M_4^* = -1.9 \text{万元}$$

由此，不良行为 $T_6 R_1 b_4$（请人代考作弊）的行为心理成本临界值为 $M_4^* = -1.9$ 万元。

为了进一步理解"负的心理成本"的意义，具体见表 14-10，表中有 1 个人的心理成本在"0"与"1"之间，有 2 个人的心理成本在"1"与"2"之间，本例的临界心理成本 $M_4^* = -1.9$ 万元 意味着，对于心理成本在"0"与"1"之间那个人，至少有人出钱再补贴他 1.9 万元，他才有可能会选择请人代考作弊，对于心理成本在"1"与"2"之间那 2 个人，至少有人出钱再补贴他 2.9 万元，他才有可能会选择请人代考作弊。

4. 对制度改进后的效果的总结

通过对制度部件的性能的改进，设计单元 $T_6 R_1$ 中各不良行为比例大幅度降低：在以往学习成绩较差者中，如果让其在诚实考试与抄袭作弊之间做出选择，选择抄袭作弊者百分比从 62.4% 降低到 4.5%。如果让其在诚实考试与利用设备作弊之间做出选择，选择利用设备作弊者百分比从 49.8% 降低到 0；如果让其在诚实考试与请人代考作弊之间做出选择，选择请人代考作弊者百分比从 19.5% 降低到 0。

在此，本书重点提出的观点是：需要特别重视技术设备在管理中的作用。在本例的制度设计过程中，除了把抑制器的性能进行了改进（作弊被发现后，原来

只是本次考试成绩作废，现在改进为"本次考试成绩作废＋禁止明年报名"），其余都是利用科学技术设备对观测器性能进行的改进，比如，使用计算机动作识别系统来发现考生的抄袭作弊行为，使用电子狗来发现考生利用设备作弊行为，使用计算机人脸识别系统来发现考生请人代考作弊行为等。这些都大大地提高了观测器的性能，从而大大地提高了制度的管理效果。

可以预言技术设备大量地在管理制度中的应用，带来的不仅是管理制度效果的改善，还有管理学从传统的文科向工程科学的转变！

14.7　制度参数设计的重要意义

本书所提出的制度的参数设计的重要意义，主要有如下几点。

一是充分说明了制度的效果与现代技术设备关系密切。也就是说，制度设计不是传统的文科领域的研究对象，而是更加依赖科学技术与设备，具有明显的工程科学性质。

二是通过本章，可以清楚地看到孙氏图的重要作用。孙氏图能够简单清楚地给出各个制度部件的结构关系，使制度结构可视化和清晰化。由此，可以很方便地建立制度有效条件的计算模型。

三是通过本书提出的交换效用法，能够方便地测量出各部件的参数值，把这些参数值代入制度有效条件模型中，就可以计算出制度有效情况下需要的临界心理成本。

四是通过建立用交换效用法测量得出的管理对象群体的心理成本分布表，再根据所计算出的临界心理成本，可以对制度效果进行估计，即估计管理对象中的不良行为者所占的比例。

五是因为能够根据心理成本分布表和制度部件参数决定的临界心理成本来对制度的效果进行估计，所以可以通过测量在不同的制度改进方案中的各个制度部件的参数，来预测制度改进的投入所带来的制度效果。这样，制度设计者就可以根据所面临的成本限制，来设计和选择制度设计方案。这样，制度设计就可以完全向工程设计一样，方便地比较不同的设计方案的效果。

上述中的第五点具有非常重要的意义。这是因为，以往只能在对制度改进方案完全实施后，方能实测其制度效果，无法对新的制度设计方案在实施前进行效果预测，这样就造成只能是对制度进行试错式设计，即只能是在新的制度方案实施后，再看看效果如何，如果效果不佳，再重新设计，但是无法在各制度设计方案实施之前进行充分的效果比较。这样不仅会导致制度改进的代价很高（因为如果制度效果不佳，不仅会造成较大的业务损失，还会对相关人员的思想观念产生不良影响，进一步影响后续的制度方案的效果），还无法进行充分的方案比较，从而导致制度设计难以实现优化。这个长期困扰制度设计人员的问题，有望通过本书提出的制度的参数设计方法得到解决。

第 15 章　制度参数设计——方案比较与优化

15.1　制度参数设计中的方案比较与优化的重要意义

制度参数设计中的方案比较与优化，是在可行成本限制下，对各种制度改进方案进行设计，然后计算出各制度设计方案的成本投入与制度效果，据此对各方案的优劣进行比较，从中选择最优方案。

制度参数设计之所以具有重要意义，是因为以往的制度设计中只能在对制度改进方案完全实施后，才能了解其制度效果，无法对新的制度设计方案在实施前进行效果预测。因此，以往的制度设计只能是一种"试错式设计"，即在新的制度方案实施后，再看看效果如何，如果效果不佳，再重新设计。这样不仅会使制度改进的代价很高，还会由于事先无法对各种方案进行充分的比较，从而难以找到最优的制度设计方案。

因为制度的参数设计能够在制度方案实施前就计算出制度的效果，所以能够在制度实施前比较各种制度设计方案，从中选择最优的方案。这样，以往的高代价的原始的"试错式制度设计"，有望由于本书的制度参数设计方法的提出而成为历史。

为了说明制度参数设计中的方案比较与优化的过程和方法，本章以企业的采购质量管理制度为案例，进行具体分析。

企业的采购是指企业从市场获取产品作为企业生产资源的购买活动，是企业经营的重要环节。例如，飞机制造企业需要采购舱门、机翼、机舱电气系统等零部件；通信设备制造类企业采购液晶显示元件；食品制造企业需要采购各种食品原料。

从一定意义上说，采购是企业提高产品质量和防止质量事故的关键环节，也是容易出现问题的环节。比如，经常有一些采购工作人员受贿，致使供货商以劣充好，给企业造成巨额损失。

从目前实际情况来看，基本上各个企业都有一套采购质量管理制度。但从实际情况来看，仍然问题不断。因此，从制度设计的角度来看，采购质量管理制度是一个值得分析和研究的典型案例。

下面以汽车生产类企业的采购质量管理制度为例，展示制度参数设计中的方案比较与优化的具体过程。

15.2   绘制环节流程图

首先，给出汽车生产类企业采购的环节流程图（图 15-1），以此来对有可能出现问题的环节进行分析。

15.3   确定环节流程中的问题环节

经过调研与分析，在图 15-1 表示的环节流程中，T_6（送样及检测）为问题环节。因为通过调查，发现在 T_6（送样及检测）这个环节中，存在供货方与采购方具体操作人员相互勾结、通过行贿受贿有意放不合格采购品过关的问题（比如，改变抽样频率，不按规程抽样，故意使检测仪器失效来放松检测，从而使送检的样品非正常地通过检测）。

本章以汽车制造企业对车用电喇叭的采购流程为例，对采购品的送样及检测环节（T_6）进行分析。

在本环节，主要检测设备是高低温交变湿热试验箱，用来检测采购品（汽车用电喇叭）是否能够在高低温、湿热等规定环境条件变化范围内保持正常的功能（即检测是否符合《机动车用电喇叭技术条件》QC/T 30—2004）。

15.4   制定问题环节的问题主体分析表和划分设计单元

编制问题主体分析表的过程就是分析问题的类型、造成问题的主要原因和过程，并且确定导致问题的行为主体。

汽车用电喇叭的送样及检测环节（T_6）失效的主要原因有两个。

第一是行贿与作弊，其行为主体是供货方（T_6R_1），主要是供货方为了谋取不当利润，给检测方好处，以求对方配合，让不符合检测标准（《机动车用电喇叭技术条件》QC/T 30—2004）的采购品（汽车用电喇叭）通过检测。

第二是受贿与渎职，其行为主体是采购方抽样与检测人员（T_6R_2），这些人在接受贿赂后，通常会采用不正当的手段来放松抽样及检测，故意使汽车用电喇叭的检测结果偏好，从而导致采购品非正常地通过检测，损害采购方的利益。

根据上述分析，编制问题主体分析表如表 15-1 所示。

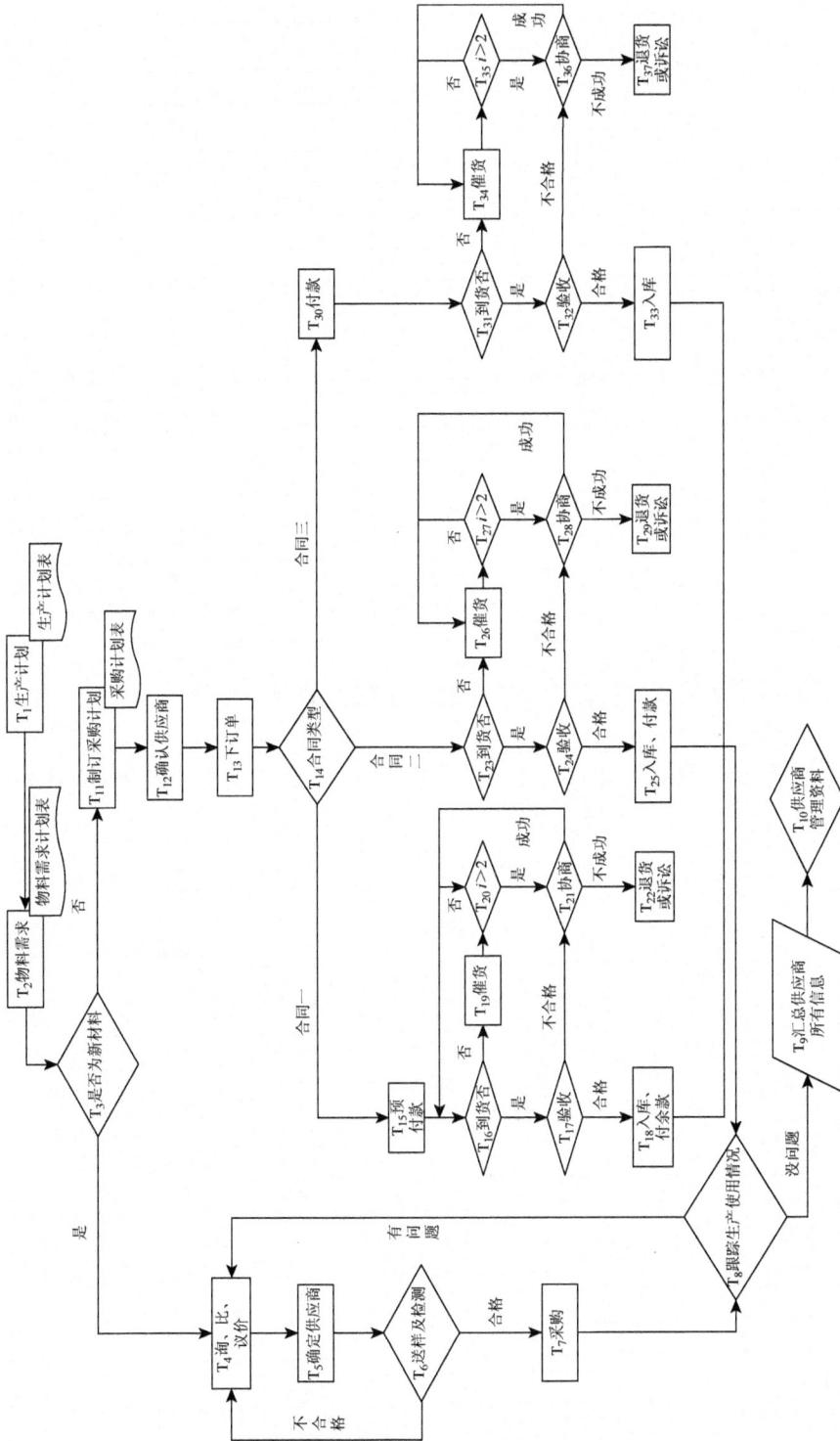

图 15-1　汽车生产类企业采购的环节流程图

表 15-1 T_6（送样及检测）环节问题主体分析表

问题编号	问题描述	问题主体	发生问题的原因或条件（效用、资源、机会）描述
T_6I_1	行贿与作弊	供货方 T_6R_1	作弊产生巨额利润，采购方管理制度失效导致行贿成功率高
T_6I_2	受贿与渎职	采购方抽样与检测人员 T_6R_2	采购方管理制度失效导致抽样与检测人员受贿后配合作弊风险小而且成功率高

在编制了问题主体分析表的同时需要划分设计单元，以便为下一步的治理设计打下基础。

在划分设计单元时，必须以同一问题环节中的同一主体为一个治理设计单元。而表 15-1 中，T_6I_1、T_6I_2 两个问题的行为主体不同，因此表 15-1 中共有 T_6R_1、T_6R_2 两个设计单元。

本章只是一个案例，为了简洁，下面只对 T_6R_2 这个设计单元展开分析和治理设计。

15.5 分析 T_6R_2 的当前制度参数并计算制度效果

15.5.1 绘制不良行为惩罚制度孙氏图并且编制效用表

图 15-2 是设计单元 T_6R_2（采购方抽样与检测人员）的惩罚制度孙氏图。

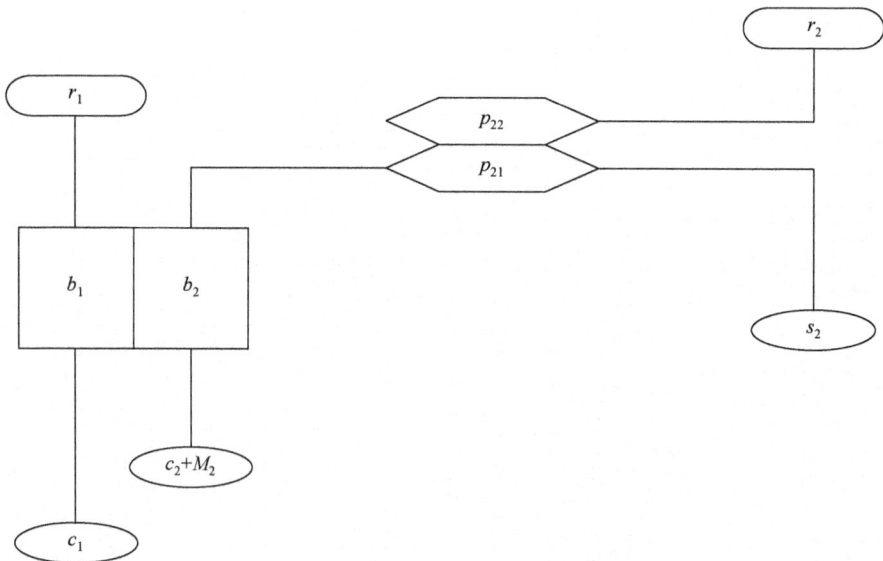

图 15-2 设计单元 T_6R_2 的惩罚制度孙氏图

图 15-2 中的孙氏图结构原理可以描述如下。

行为主体（采购方抽样与检测人员）有两个离散的行为，即有一个二元行为集。二元行为分别为：b_1 为正常行为（履行职责），b_2 为不良行为（受贿与渎职）。

在该制度结构下，只要采购方抽样与检测人员选择正常行为 b_1（履行职责），则得到回报 r_1（工资）。

如果采购方抽样与检测人员没有选择正常行为 b_1（履行职责），那么他选择的行为必然是不良行为 b_2（受贿与渎职）。该制度对不良行为 b_2 设置了一个观测器 p_2，当不良行为 b_2 发生时，观测器 p_2 能够以概率 p_{21} 观测到 b_2（受贿与渎职被发现）。这时，采购方抽样与检测人员将因为选择 b_2 而受到惩罚 s_2（开除，没收违法所得，受贿罪判刑）。同时，因为观测器 p_2 性能难以做到完全有效（即并不是 100%发现所有的受贿与渎职行为的），所以当不良行为 b_2 发生时，观测器 p_2 还以概率 $p_{22}=1-p_{21}$ 出现误判（即受贿与渎职行为 b_2 没有被观测到），在这种情况下采购方抽样与检测人员的受贿与渎职行为得到回报 r_2（工资＋受贿收入）。

在绘出孙氏图之后，再根据其孙氏图，编制相应的效用表。

表 15-2 给出了设计单元 T_6R_2 的不良行为惩罚制度的效用表。

表 15-2　设计单元 T_6R_2 的不良行为惩罚制度的效用表

行为编号	行为内容	心理成本	行为成本	观测器	观测概率	回报	效用（设个体为风险中性）
$T_6R_2b_1$	履行职责		c_1			工资，r_1	$u_1 = r_1 - c_1$
$T_6R_2b_2$	受贿与渎职	M_2	c_2	p_2	没被发现，p_{22}	工资＋受贿收入，r_2	$u_2 = p_{22} \times r_2 + p_{21} \times s_2 - c_2 - M_2$
					被发现，p_{21}	开除，没收违法所得，受贿罪判刑，s_2	

15.5.2　使用交换效用法调查或实验来获取制度参数并编制参数表

表 15-3 给出了设计单元 T_6R_2 的不良行为惩罚制度的参数表，以及参数值的获取方法。

表 15-3　设计单元 T_6R_2 的不良行为惩罚制度的参数表

行为代码	部件代码	部件名称与特征及参数来源的说明	参数值（除概率外，其他数据单位皆为万元）
$T_6R_2b_1$	r_1	促进器（回报型）：工资，参数值来源于调查采购方抽样与检测人员	12
	c_1	履行职责无经济成本，为 0。参数值来源于分析	0
$T_6R_2b_2$	r_2	促进器（回报型）：工资＋受贿收入，参数值来源于调查被发现受贿的采购方抽样与检测人员	12＋20＝32
	s_2	抑制器（回报型）：开除，没收违法所得 20 万元，受贿罪判 2 年徒刑，参数值来源于调查被发现受贿的采购方抽样与检测人员	−40
	M_2	受贿与渎职引起的心理不安，参数值来源于调查采购方抽样与检测人员	见表 15-4
	c_2	受贿与渎职行为无经济成本，为 0。参数值来源于分析	0
	p_2	观测器：无奖励举报，发现概率为 p_{21}，未发现概率为 p_{22}，参数值来源于被发现的渎职者（调查其多次受贿渎职后才被发现）	p_{21}：0.1　　p_{22}：0.9

15.5.3　临界心理成本 M_2^* 的计算（设个体为风险中性）

由效用表（表 15-2）可知，被管理者选择 b_1（履行职责）这个正常行为的效用为

$$u_1 = r_1 - c_1$$

被管理者选择 b_2（受贿与渎职）这个不良行为的效用为

$$u_2 = p_{22} \times r_2 + p_{21} \times s_2 - c_2 - M_2$$

如果制度对某被管理者有效，即对他来说 $u_1 > u_2$，从而他会选择 b_1（履行职责）这个正常行为，则有

$$r_1 - c_1 > p_{22} \times r_2 + p_{21} \times s_2 - c_2 - M_2$$

解得

$$M_2 > p_{22} \times r_2 - r_1 + p_{21} \times s_2 + c_1 - c_2 \tag{15-1}$$

代入参数表（表 15-3）中的数据，得

$$\begin{aligned} M_2 &> p_{22} \times r_2 - r_1 + p_{21} \times s_2 + c_1 - c_2 \\ &= 0.9 \times 32 - 12 + 0.1 \times (-40) + 0 - 0 \\ &= 12.8 \end{aligned}$$

即

$$M_2^* = 12.8万元$$

由此，不良行为 b_2（受贿与渎职）的行为心理成本临界值为 $M_2^* = 12.8$ 万元。

因此，在当前制度环境下，心理成本 M_2^* 小于 12.8 万元的采购方抽样与检测人员会选择不良行为 b_2，即接受贿赂，配合供货方让不符合标准的汽车用喇叭通过检测。

15.5.4　调查与编制心理成本 M_2 的分布表

通过采用交换效用法调查（具体方法请见 2.12 节），采购方抽样与检测人员受贿与渎职行为 b_2 的心理成本分布见表 15-4。

表 15-4　设计单元 T_6R_2 的受贿与渎职行为 b_2 的心理成本 M_2 分布表

心理成本区间/万元	人数	百分比	累积百分比
0～2	2	6%	6%
4	3	8%	14%
8	2	6%	19%
12	5	14%	33%
16	6	17%	50%
20	3	8%	58%
24	3	8%	67%
28	5	14%	81%
32	2	6%	86%
36	3	8%	94%
大于 36	2	6%	100%

注：最大数为本行数，最小数为大于上行数的开区间

15.5.5　根据心理成本分布表和临界心理成本估计制度的效果

根据计算出的临界心理成本 $M_2^* = 12.8$ 万元，到表 15-4 中查找其累积百分比的对应位置。表中没有 $M_2^* = 12.8$ 万元 的对应位置（只有低于该值的"12"与高于该值的"16"的位置），因此用线性插值法求近似值，算法为

$$33 + \frac{50-33}{16-12} \times (12.8-12) = 36.4$$

因此，在当前制度下，约有 36.4%的采购方抽样与检测人员会选择不良行为 b_2，即接受贿赂，配合供货方让不符合标准的汽车用喇叭通过检测，可见当前管理制度的效果不佳。为此，必须对设计单元 T_6R_2 进行制度改进设计。

15.6　成本限制条件及可选的改进方案的制定

与第 14 章的无成本限制的例子不同，本例由于经济条件限制，其改进制度的最大可投入成本为 30 万元。也就是说，无论制定何种制度改进方案，其新增的管理投入都不得超过 30 万元。

结合上述制度改进的成本投入限制，经过初步分析，制定如下两个备选的制度改进方案。

方案一：改进现有的制度部件特征与参数。

结合 T_6（送样及检测）环节问题主体分析表（表 15-1），分析制度参数表（表 15-3）中的各制度部件特征，发现可以改进的制度部件为观测器 p_2。

p_2 原来的性能特征是"无奖励举报"，为了加大其观测力度，以使制度更加有效，改变为有奖励举报，根据调查分析，发现如果形成有力度的举报动力，至少每次奖励 1 万元，这样，如果每年有 5 件举报事件，则需要成本 5 万元。

同时，还可以进一步加大观测力度，即实行核查重检制度：每年聘请第三方核查到购的采购品质量，如果要对作弊者形成有力威慑，那么每年至少要有 12 次核查重检，每次核查重检费用 2 万元，那么每年需要 24 万元。

这样，p_2 就由原来的"无奖励举报"改变为"有奖励举报＋核查重检制度"，观测器 p_2 的改进成本为每年 29 万元。

方案二：通过增加制度部件来改进当前制度的有效性。

具体做法是在不良行为 b_2 与回报 r_2 之间增加一个概率器 $p_{b_2 r_2}$，以此来降低不良行为取得回报的概率，从而抑制不良行为 b_2（受贿与渎职）。

采购方抽样与检测人员作弊的一个重要手段，是人为改变高低温交变湿热试验箱的条件精度，导致检测结果偏好。而这个概率器 $p_{b_2 r_2}$，就是采用质量更高的高低温交变湿热试验箱，如采用密封性更好的高低温交变湿热试验箱，使得工作空间的温场均匀；并且要求新的高低温交变湿热试验箱的设计结构更加科学，以解决过去的湿热箱补水时会给实验带来的温度波动的问题等。同时，配置温度与湿度传感器和计算机辅助控制系统，实现联机数据实时传输，从而只要高低温交变湿热试验箱中的测试条件发生偏离，立即发出警报。所有这些，都使过去常用的人为改变高低温交变湿热试验箱的条件精度的作弊手段难以实现。

这种对改变高低温交变湿热试验箱的改进，共需要成本费用 25 万元，每年的维护费用 3 万元。这样，在原孙氏图结构中增加概率器 $p_{b_2 r_2}$ 的成本为 28 万元。

15.7　对 $T_6 R_2$ 的制度改进方案一的效果计算

方案一的孙氏图与原制度相比没有发生改变，故其制度结构还是图15-2所示。因此效用表也没有变化。

15.7.1　重新测量制度部件参数并编制改进前后制度参数对照表

根据方案一中对制度部件的改进，重新测量其改进后的制度部件参数并编制改进前后制度参数对照表，见表15-5。

表 15-5　设计单元 $T_6 R_2$ 的改进方案一的改进前后参数对照表

行为代码	部件代码	原部件特征	改进后部件特征	原参数值	改进后的参数值
$T_6 R_2 b_1$	r_1	促进器（回报型）：工资	无变化	12	12
	c_1	履行职责无经济成本，为 0	无变化	0	0
$T_6 R_2 b_2$	r_2	促进器（回报型）：工资＋受贿收入	无变化	12＋20＝32	32
	s_2	抑制器（回报型）：开除，没收违法所得20万元，受贿罪判2年徒刑	无变化	−40	−40
	M_2	受贿与渎职引起的心理不安	无变化	见表 15-4	见表 15-4
	c_2	受贿与渎职行为无经济成本，为 0	无变化	0	0
	p_2	观测器：无奖励举报，发现概率为 p_{21}，未发现概率为 p_{22}	有奖励举报（奖励10000元/次）＋核查重检制度（12次/年），其观测概率的数据来源与算法见此表后的说明	p_{21}：0.1　p_{22}：0.9	p_{21}：0.1755　p_{22}：0.8245

表 15-5 中的观测器"有奖励举报＋核查重检制度"的观测概率数据获取方法如下。

首先，求"有奖励举报"措施下"受贿与渎职"的发现概率 p_w。为此，先向企业员工发问卷调查"在没有任何奖励的情况下，会举报采购方抽样与检测人员受贿"人数比例 p_{w0}，再发问卷调查他们"在有 10 000 元奖励的情况下，会举报采购方抽样与检测人员受贿"人数比例 p_{w10000}。

其次，求 $p_w = p_{w10000} - p_{w0} +$ 原 p_{21}。其中的"原 p_{21}"即为在制度改进设计之前没有任何奖励情况下的举报概率（即表 15-3 中的 p_{21}）。本例中，原 p_{21}=0.1，p_{w0}=0.15，p_{w10000}=0.2，因此，$p_w = p_{w10000} - p_{w0} +$ 原 $p_{21} = 0.2 - 0.15 + 0.1 = 0.15$。

再次，求"核查重检"措施对"受贿与渎职"的发现概率 p_{ch}。本例中，每年核查 12 次，按采购进货的"批次"抽查，抽查率约 3%，也就是说采购品中如果存在成批的劣质品，就会有 3%的概率会被发现。因此，$p_{ch} = 0.03$。

最后，对观测器 p_2 改进后的观测概率 p_{21}，根据事件并集（如果发生"受贿与渎职"行为，可能被举报，也可能会在核查中发现）的概率公式，有

$$p_{21} = p_w + p_{ch} - p_w \times p_{ch} = 0.15 + 0.03 - 0.15 \times 0.03 = 0.1755$$

15.7.2　重新计算临界心理成本 M_2^*

把表 15-5 中的数据代入式（15-1）中，有

$$M_2 > p_{22} \times r_2 - r_1 + p_{21} \times s_2 + c_1 - c_2$$
$$= 0.8245 \times 32 - 12 + 0.1755 \times (-40) + 0 - 0$$
$$= 7.364$$

即

$$M_2^* = 7.364万元$$

由此，不良行为 b_2（受贿与渎职）的行为心理成本临界值为 $M_2^* = 7.364万元$。可见，在改进方案一中，只有心理成本 M_2^* 小于 7.364 万元的采购方抽样与检测人员会选择不良行为 b_2，即接受贿赂，配合供货方让不符合标准的汽车用喇叭通过检测。

15.7.3　根据心理成本分布表和新的临界心理成本估计制度的效果

根据计算出的新的临界心理成本 $M_2^* = 7.364万元$，到表 15-4 中查找其累积百分比的对应位置。表中没有 $M_2^* = 7.364万元$ 的对应位置（只有低于该值的"4"与高于该值的"8"的位置），因此用线性插值法求近似值，算法为

$$14 + \frac{19 - 14}{8 - 4} \times (7.364 - 4) = 18.205$$

因此，在制度改进方案一中，约 18.205%的采购方抽样与检测人员会选择不良行为 b_2，即接受贿赂，配合供货方让不符合标准的汽车用喇叭通过检测。

15.8　对 T_6R_2 的制度改进方案二的效果计算

15.8.1　制度改进方案二的孙氏图与效用表

方案二是通过增加制度部件来改进当前制度的有效性，即在不良行为 b_2 与回报 r_2 之间增加一个概率器 $p_{b_2r_2}$，以此来降低不良行为取得回报的概率，从而抑制不良行为 b_2（受贿与渎职）的。因此与原制度相比，其孙氏图也发生了改变。图 15-3 为方案二的孙氏图。

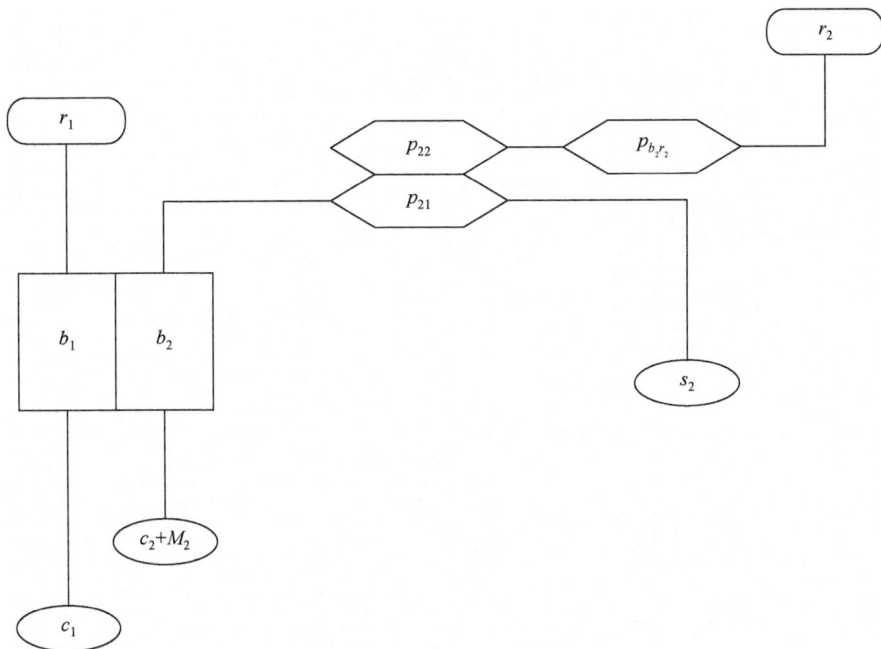

图 15-3　方案二的孙氏图

在绘出孙氏图之后，再根据其孙氏图，编制相应的效用表。
表 15-6 给出了方案二的效用表。

表 15-6　方案二的效用表

行为编号	行为内容	心理成本	行为成本	观测器	观测概率	概率器	回报	效用（设个体为风险中性）
$T_6R_2b_1$	履行职责		c_1				工资，r_1	$u_1 = r_1 - c_1$
$T_6R_2b_2$	受贿与渎职	M_2	c_2	p_2	没被发现，p_{22}	$p_{b_2 r_2}$	工资＋受贿收入，r_2	$u_2 = p_{22} \times p_{b_2 r_2} \times r_2$ $+ p_{21} \times s_2 - c_2 - M_2$
					被发现，p_{21}		开除，没收违法所得，受贿罪判刑，s_2	

15.8.2　编制改进前后制度参数对照表

根据方案二中增加的制度部件，测量其增加的制度部件参数并编制改进前后制度参数对照表，见表 15-7。

表 15-7　改进方案二的改进前后参数对照表

行为代码	部件代码	原部件特征	改进后部件特征	原参数值	改进后的参数值
$T_6R_2b_1$	r_1	促进器（回报型）：工资	无变化	12	12
	c_1	履行职责无经济成本，为 0	无变化	0	0
$T_6R_2b_2$	r_2	促进器（回报型）：工资＋受贿收入	无变化	$12 + 20 = 32$	32
	$p_{b_2 r_2}$	无概率器	新增的概率器：采用高质量的高低温交变湿热试验箱来使检测人员作弊成功率降低。作弊成功率数据的获取办法，见表后的说明	作弊成功率为 1	0.6
	s_2	抑制器（回报型）：开除，没收违法所得 20 万元，受贿罪判 2 年徒刑	无变化	-40	-40
	M_2	受贿与渎职引起的心理不安	无变化	见表 15-4	见表 15-4
	c_2	受贿与渎职行为无经济成本，为 0	无变化	0	0
	p_2	观测器：无奖励举报，发现概率为 p_{21}，未发现概率为 p_{22}	无变化	p_{21} : 0.1 p_{22} : 0.9	p_{21} : 0.1 p_{22} : 0.9

表 15-7 中的概率器 $p_{b_2 r_2}$ 作弊成功率数据获取方法如下。

采购方抽样与检测人员受贿后"渎职"行为分为两种：一是在抽样过程中作弊，二是在检测时作弊，因此采购方抽样与检测人员作弊成功率也是由两部分组成的，即抽样作弊成功率与检测作弊成功率。

首先，调查以往"受贿与渎职"被发现的人员，得出其"抽样作弊"的成功概率与"检测作弊"的成功概率。在本例中，发现"抽样作弊"的成功概率约为 60%，而"检测作弊"的成功概率约为 100%。

其次，对"高质量的高低温交变湿热试验箱"进行实验，观察其"检测作弊"成功的概率，发现已经没有任何可能"作弊成功"了，即在使用"高质量的高低温交变湿热试验箱"后，"检测作弊"的成功概率已经降为 0。

这样，采购方抽样与检测人员如果想作弊，就只能采取"抽样作弊"的方式，因此，概率器 $p_{b_2 r_2}$ 作弊成功率为 60%，即 0.6。

15.8.3　重新计算临界心理成本 M_2^*

由效用表（表 15-6）可知，被管理者选择 b_1（履行职责）这个正常行为的效用为

$$u_1 = r_1 - c_1$$

被管理者选择 b_2（受贿与渎职）这个不良行为的效用为

$$u_2 = p_{22} \times p_{b2r2} \times r_2 + p_{21} \times s_2 - c_2 - M_2$$

如果制度对某被管理者有效，即对他来说 $u_1 > u_2$，从而他会选择 b_1（履行职责）这个正常行为，则有

$$r_1 - c_1 > p_{22} \times p_{b2r2} \times r_2 + p_{21} \times s_2 - c_2 - M_2$$

解得

$$M_2 > p_{22} \times p_{b2r2} \times r_2 - r_1 + p_{21} \times s_2 + c_1 - c_2 \qquad (15\text{-}2)$$

把表 15-5 中的数据代入式（15-2）中，有

$$\begin{aligned}
M_2 &> p_{22} \times p_{b_2 r_2} \times r_2 - r_1 + p_{21} \times s_2 + c_1 - c_2 \\
&= 0.9 \times 0.6 \times 32 - 12 + 0.1 \times (-40) + 0 - 0 \\
&= 1.28
\end{aligned}$$

即

$$M_2^* = 1.28 万元$$

由此，不良行为 b_2（受贿与渎职）的行为心理成本临界值为 $M_2^* = 1.28$ 万元。

可见，在改进方案二中，只有心理成本 M_2^* 小于 1.28 万元的采购方抽样与检测人员会选择不良行为 b_2，即接受贿赂，配合供货方让不符合标准的汽车用喇叭通过检测。

15.8.4　根据心理成本分布表和新的临界心理成本估计制度的效果

根据计算出的新的临界心理成本 $M_2^* = 1.28$ 万元，到表 15-4 中查找其累积百分比的对应位置。表中没有 $M_2^* = 1.28$ 万元 的对应位置（只有低于该值的"0"与高于该值的"2"的位置），因此用线性插值法求近似值，算法为

$$0 + \frac{6-0}{2-0} \times (1.28 - 0) = 3.84$$

因此，在制度改进案二中，约 3.84% 的采购方抽样与检测人员会选择不良行为 b_2，即接受贿赂，配合供货方让不符合标准的汽车用喇叭通过检测。

15.9　对两个制定改进方案的比较与选择

本例由于经济条件限制，无论制定何种制度改进方案，其新增的管理投入都不得超过 30 万元。

根据这个成本投入限制，前面分别计算了改进方案一与改进方案二的制度效果。

其中，方案一为改进现有的制度部件观测器 p_2，把原来的"无奖励举报"改变为有奖励举报，并且增加了核查重检制度。方案一的成本为 29 万元，改进后的效果比较一般，仍然有约 18.205% 的采购方抽样与检测人员会选择不良行为 b_2，即接受贿赂与渎职。

而方案二为通过增加制度部件来改进当前制度的有效性，即在不良行为 b_2 与回报 r_2 之间增加一个概率器 $p_{b_2 r_2}$，以此来降低不良行为取得回报的概率，从而抑制不良行为 b_2（受贿与渎职）。方案二的成本为 28 万元，改进后的效果非常好，为只有约 3.84% 的采购方抽样与检测人员仍然会选择不良行为 b_2，即接受贿赂与渎职，可见该制度方案非常有效。

从计算结果来看，方案二的效果明显优于方案一，因此以方案二为制度改进设计的最终方案。

参 考 文 献

[1] 陈莉莉，高曦，张晗，等. 我国三省（市）食品安全监管资源现状及分析[J].中国卫生资源，2016（1）：74-77.

[2] 宋维. 关于食品安全问题的分析[J]. 中小企业管理与科技（下旬刊），2015（12）：170-171.

[3] 陆永娟，张晓川. 我国食品安全监管失灵探析[J]. 西北农林科技大学学报（社会科学版），2014（1）：100-104.

[4] 周聿. 我国古代接受举报的形式. http://www.qingdaonews.com/gb/content/2006-08/22/content_7499149.htm.[2006-08-22]

[5] 倪方六. 古代是如何防范考试作弊的[N]. 北京晚报，2012-06-08（12）.

[6] 高芳. 明朝如何防豆腐渣工程[N]. 健康导报，2011-03-30.

[7] 谭剑. "土发明"斗洪魔显示威力[N]. 新民晚报，1998-08-16（2）.

[8] 马维辉. 国务院拨款百亿治理大气污染将"以奖代补"[N]. 华夏时报，2014-02-15（7）.

[9] 段世文. 电脑锁定"窃煤黑手"[N]. 新民晚报，1998-12-16（2）.